靈修著作精選

挪移大山的禱告

卡拉遜 (Michael Klassen)、弗爾靈 (Thomas Freiling) 著

吳世芳 譯

▼

靈修著作精選

挪移大山的禱告

Prayers to Move Your Mountains

作者
卡拉遜 Michael Klassen
弗爾靈 Thomas Freiling

翻譯
吳世芳

執行編輯
馬世炟

裝幀設計
莫可雅

■

出版／發行
基道出版社
香港沙田火炭坳背灣街 26 號富騰工業中心 1011 室
LOGOS PUBLISHERS
Unit 1011, Fo Tan Ind. Centre, 26 Au Pui Wan St., Shatin, Hong Kong
電話：(852) 2687-0331　傳真：(852) 2687-0281
網址：http://www.logos.com.hk

承印
陽光印刷製本廠

●

3/2004 初版
Cat. No. LP613
ISBN-10: 962-457-252-6
ISBN-13: 978-962-457-252-0
Original published in English under the title:
Prayers to Move your Mountains:
Powerful Prayers for the Spirit-Filled Life

Published by arrangement with Thomas Nelson,
a division of HarperCollins Christian Publishing, Inc.
through The Artemis Agency

Printed in Hong Kong

刷次	10	9	8	7	6	5	4			
年份	2026	2025	2024	2023	2022	2021	2020	2019	2018	2017

譯者序言

從我牧養教會的經驗中，我發現許多基督徒花很少的時間禱告，也不曉得如何進行禱告，我相信這是許多華人基督徒的通病。當他們的家庭和生活發生重大的問題時，他們的反應和一般人沒有兩樣——焦慮和憂傷。不曉得向上帝祈求幫助，不曉得仰望、交託給上帝；只有自己背負重擔，毫無喜樂可言。其實這一些都不需要，因為我們所信靠的上帝是聽禱告的上帝。

這一本《挪移大山的禱告》可以教導基督徒如何為平日的生活禱告；在遇見重大難題時，它可以提醒信徒如何進行禱告。它不是一根枴杖，然而確實可以指引我們平靜地禱告，在淚水中交託、仰望。正如作者在引言中所說：「它能增強你的禱告生活⋯⋯每一章都帶領你操練禱告」。我相信這是此本禱告書與眾不同的地方，也是作者撰寫此書的心願——帶領讀者在不同的人生境遇，經歷真實且是有效的禱告。

吳世芳牧師

美國紐約長島新城歸正教會

目錄

引言

只有上帝能夠移山，但是信心和禱告移動上帝。

——巴恩司（E. M. Bounds）[1]

阿帕拉契山內的一間小教會，收到一位過世的會友贈予一塊好土地。這批人將有限的資源拼湊在一起，就湊足了錢，建造了一座漂亮的禮拜堂。就在新教會獻堂典禮的十天前，該地房屋局檢查員走到牧師跟前説：「牧師，我很抱歉，但是按照教會大小的比例，你們的停車場太小了。除非你們把停車場拓寬一倍，否則市政府不能允許你們使用新禮拜堂。」

「但是，先生」，牧師回答道，「我們沒有空地可以擴展了。每一寸土地都已被使用了，只剩下豎立在教會後面的那座小山，我們的會友沒有錢鏟平這山，並把它鋪平。」

「我很抱歉」，這檢查員繼續説道，「我只是遵循市政府的規定行事。除非你們把這座山搬離這條路上，擴增你們的停車空間，否則你們不可以使用禮拜堂。」

毫無所懼地，在下一個星期日早晨，牧師說明了教會的窘境，並且宣布，「今天晚上在這裏將有特別的禱告會，我們將會請上帝移走教會後面的那座山，並且給我們足夠的錢在下禮拜奉獻禮之前把地鋪平和塗上油漆。但是我只要那些有信心移山的人來。」

那個晚上，三百個會員中有二十四人來參加禱告會。大約三個小時他們一直尋找上帝，請求祂從天干預。晚上十點正牧師宣告了「阿們」。「下禮拜我們將如期開始聚會」，他向大家保證，「上帝從未讓我們失望，我相信這一次祂也是信實的。」

禮拜一早上，當牧師在研讀聖經時，聽見有人大聲地敲門。「請進來」，他在書桌後面應道。門被打開，走進來的是一位粗壯的建築工頭，他進來時一邊拿下安全帽子。

「抱歉打擾您，牧師。我來自鄰郡的一間建築公司。我們正在建造一個大型購物商場。我們需要一些土壤。你能否把教會後面那座山的土壤賣給我們？如果我們現在就可以取得土壤，我們願意為我們車走的土壤付錢，並且免費鋪平挖過的土地。我們現在已暫時停工，直到我們取到土壤得以妥善處理。」

接著的一個星期日，教會如期舉行奉獻禮。在開堂的第一個星期日，比起上一個星期，有「移山」信心的會友增加了許多。

每一個人都有一座山等待攀登

就像人們和雪花，山峯展現它們無窮盡的形態和大小。有一些山，欺人眼目，令人以為它高不可攀，實際上連最平凡的爬山者都可攀越它。另外有些山，則躲在似乎不大、卻很難穿越的樹林後面。

你曾否遇過看似沒有可能攀越的山？也許你碰過進退維谷的困境，是超過你所能應付的。

我們面對形形色色的山峯——人際關係，具毀滅性和罪性的習慣與重擔。它們似乎不易剔除，卻讓我們加深了我們不過是人的認識。然而，無論是大山或是小丘，它們都難於征服，除非慈愛的天父親自參與。惟獨祂具有能力攀越那險而不可攀的山。

山嶽是有益的，因為它提醒我們的無力以及上帝的能力。使徒保羅寫道，「我們的上帝是**照著運行在我們心裏的大力**充充足足的成就一切，超過我們所求所想的。」（參弗三20）我們能施展的能力不是來自我們自身，而是上帝的恩惠藉著我們流露出去。

如果我們從未遇見過挑戰，我們會有何種的信心？巴恩司可能稱得上是現代禱告運動之父，他在一百年前寫道：

> 禱告在它最高的形式及最偉大的成就上，顯露出我們與上帝摔角的情景。它是信心的競爭、試煉

和得勝。不是從仇敵獲得勝利，而是從那位試煉我們的信心以使它得以增強者：那位試驗我們的力量以增強我們的力量者。[2]

禱告改變人或事物嗎？

不久之前，汽車防撞板上的貼紙、冰箱上的鐵磁片和書簽都飾著一句流行的格言「禱告改變事情」；不久之後，一羣著名的基督徒領袖提出他們不同的座右銘：「禱告不改變**事物**，禱告改變**人**」。換句話說，我們的禱告不一定改變環境，禱告改變我們，或者它至少改變我們的想法。究竟哪一樣是對的？到底禱告是改變人還是改變事物？

在兩者爭持不下當中，佔據著一席位置的是真正禱告的心。上帝渴望最先及最終去改變人的心。祂最高的旨意就是要藉著祂的國度在地上拓展，而將榮耀歸與祂自己。但祂卻選擇透過祂的子民已改變的心，來成就祂在地上的工作。透過禱告，禱告改變人，而透過已改變的人，禱告就改變事情。

有一天，在與門徒一起走向耶路撒冷時，耶穌餓了，因此祂在一棵無花果樹旁停下來。祂很失望，因無花果樹不結果實。耶穌就對這棵樹說：「從今以後，永沒有人吃你的果子。」(可十一14)

第二天早晨，他們再從那裏經過。才過了一天，無花果樹已枯乾了。耶穌對驚愕的同伴們說：

> 你們當信服上帝。我實在告訴你們，無論何人對這座山說：「你挪開此地，投在海裏！」他若心裏不疑惑，只信他所說的必成，就必給他成了。所以我告訴你們，凡你們禱告祈求的，無論是甚麼，只要信是得著的，就必得著。
> （可十一22～24）

耶穌選擇一座山來說明禱告令人震撼的能力。特別是在發明堆土機和鏟山工具的日子前，山嶽象徵著不能改變的困難。山嶽象徵人生不幸的際遇，除非是上帝的能力，否則無法挪移。這就是耶穌藉著聖靈賜給教會的能力。

驕傲、私欲、一個未得救的配偶、一段破碎的人際關係——扮演了一般人生活中的山嶽。有一些山嶽是自尋的，有些是不期而遇的。不管怎樣，我們都有山嶽需要攀越。幸運地，上帝不會離我們而去，叫我們在山旁被烈風侵襲。

山嶽，困難及上帝的同在

在整本聖經中，山嶽不只象徵困難，而且也是人們與賜生命之上帝相遇的地方。

如果上帝的使者沒有攔住亞伯拉罕，他已在摩利亞山旁將兒子以撒獻作燔祭了（創二十二）。摩西在西乃山上遇見了焚而不燬的荊棘叢，並領受了十條誡命（出十九）。聖殿是猶太人的敬拜中心，它被建造在錫安山上。以色列周圍的國家知道這些關聯，因此稱以色列的上帝為**山神**（王上二十28）。

在耶穌的一生中，山嶽是祂的人性受試探的地方（太四8），也是祂變像顯現榮耀的地方（太十七1～2）。最後，我們等候那天，耶和華殿的山必堅立，超乎諸山，高舉過於萬嶺；萬民都要流歸這山（賽二2）。

因此山嶽成為我們的困難，以及與上帝同在的交會之處。而且令人驚訝的是，這兩樣是彼此關聯的。我們的困難**能**帶領我們進入與上帝同在，我們所遇見的試探**能**帶領我們進入耶穌變像榮耀的同在，這就是我們在禱告中親近祂的時候。

我們盼望當你遇見困難的時候，能有上帝的同在。在你遇見試探的時候，你會在生命中遇見耶穌榮耀的同在。這本書會扮演重要的角色，將你的困難和所遇見的試探，與耶穌榮耀的同在連結起來。

我們需要禱告，因為禱告很重要，這對許多基督徒並不成為問題。我們都曉得，禱告和增進我們與耶穌基督的關係是息息相關的，禱告也確實改變了一些事物。然而，那似乎是「**如何禱告**」以及「**禱告甚麼**」這些項目使得我們縱然知道應該禱告，又渴望禱告，卻不肯去禱告。

向一般人發問，他們在禱告上所遭遇最大的攔阻是甚麼？你可能會遇見下列兩項之一：「我沒有足夠的動力和委身使它成為生活的主要項目」；以及「我希望禱告長一點，可是在禱告五或十分鐘之後，我就不知道該説甚麼了。」

然而，如果你知道你的禱告會使你和別人的生活有所改變，你會更喜歡禱告嗎？當然會，幾乎任何一個人都會。

雖然我們不敢保證這本書中的禱告會帶來好的成效，我們希望它會提供一個模範，一個發射台，將你的禱告發射出去，進入天堂。

這本禱告的書與其他的有何不同

自從開始有詩篇這卷書的時候，教會就使用書寫的禱辭來接近施恩的寶座。今天，許多基督教傳統的聚會都使用禱告簿，例如《公禱書》(*The Book of Common Prayer*)。禱告書籍汗牛充棟，那麼為何還要多此一本？

使這本書和其他書籍不同的，是它能增強你的禱告生活。每一章都帶領你操練禱告，希望帶領你進入更有效的禱告。本書引導你經過禱告重要的部分：分別為聖、認罪、個人的祈求，以及按上帝的心意禱告。

我們易於專注在自己或上帝的需要上，但是這兩者並不互相排斥。當我們專注在自己的需要，我們會傾向於自私的信仰；當我們專注在上帝的需要，我們也錯失了上帝關心我們的需要。

我們的目標是當你拿起聖經親近主，你也會拿起這本書。並不是因為它好像枴杖一樣，而是因為它是有助益的工具，帶領你經過整個禱告過程。事實上，我們相信這本書會激勵你作更多的禱告。

舉例來説，當你禱告時，你可以告訴上帝祂的愛對你何等重要，以此作為開始(第一章．3，珍惜上帝的愛)。繼續往前，謝謝祂已經差遣耶穌基督為你的罪死在十字架上(第二章．3，為著十字架和寶血感謝上帝)。當你與上帝更加親近，告訴祂你渴望在清潔上成長(第三章．1，謹守清潔)。繼續因為自私的罪尋求上帝的赦免(第四章．13，勝過自私的心)。當你開始進入個人的祈求，你可以將工作上特殊的難處帶到施恩寶座前(第五章．2，憂慮中得平安)。到了結束禱告時，你可祈求上帝給你關懷不幸者的愛心(第十一章．3，同情貧困和窮乏者)。

因為有效率的禱告是被聖靈引導的，每一次的禱告都不太一樣。有時候你的禱告可以集中在上帝的美德和屬性上；有時候上帝會用大部分的時間來潔淨你的生命。或者你可以集中在上帝的國度上；而在另一些時候，你則可以集中在為個人以及別人的特殊需要上；關鍵在於當你禱告時要警覺聖靈的引導。

最重要的是，不要讓你自己被這本書上的話所限制，要讓你自己因著被聖靈帶領，進入更深的禱告。

藉著這本書中的禱告，但願你能找到能力移動生命中的山嶽，並且為了耶穌基督之名大得能力。

卡拉遜(Michael Klassen)
弗爾靈(Thomas Freiling)

註：

1. E. M. Bounds, *The Complete Works of E. M. Bounds on Prayer* (Grand Rapids: Baker Book House, 1990), p.13.
2. 同上，頁322。

禱告能夠移山的十項要素

1. 扎根在敬拜中

因為這一部分會在第二章討論，所以在這裏只做簡略說明。我們藉讚美和感謝來到上帝面前。詩篇作者寫道，「當來向他歌唱！當稱謝進入他的門，當讚美進入他的院。」（詩一〇〇2下、4上）我們伸出雙臂敬拜祂，好過我們張開雙臂期望我們的祈求實現。禱告不僅是不停地說「我要」。

以敬拜作為開始，讓我們的眼光能與上帝的契合。當主耶穌教導門徒如何禱告，祂教他們在開始的時候說，「我們在天上的父，願祢的名為聖。」「**為聖**」簡單地說就是「聖潔、完全和分別出來」。上帝並不需要被提醒祂是聖潔的，但是我們需要。

移山的禱告是扎根在敬拜裏的。

2. 藉著認罪得釋放

耶穌死在十字架上洗淨我們所有的罪。然而，未認清的罪會擋住我們，以及我們與上帝之間的關係。雅各書五章16節提醒我們，「所以你們要彼此認罪，互相代求，使你們可以得醫治。」雅各不是寫給非信徒，而是寫給信徒的。

未認清的罪——在信徒的生命中，以及在許多非信徒的生命中——築起了我們與上帝之間的一堵牆，然而真實的認罪將這牆拆毀。在第三章和第四章裏的禱告是用來幫助你，用清潔的心來到上帝面前。

移山的禱告是藉著認罪得釋放。

3. 明確的禱辭

你是否已忘了，上帝每天讓我們對祂的憐憫都有新的洞察？耶利米哀歌三章22至23節提醒我們上帝的憐憫，每早晨都是新的。美麗的夕陽、感冒迅速復原、你的老闆突如其來的讚語，這就是上帝的憐憫每早晨都是新的一些例子。我們可以用新的方法讚美上帝以回報祂的慈憐。每一日，試著去找出新方法表達你對祂的愛，正如祂用新的方式向我們顯示祂的憐憫，我們也應該用新的方式表達我們對祂的讚美。如果你愛祂，不要只說你愛祂，對祂說你**為何**愛祂。

我們也可以用同樣方式將祈求帶到主前。有一天當主耶穌離開耶利哥城，兩個瞎眼者的叫聲穿越擁擠喧嚷的人潮。朝他們的路那邊走去，耶穌問他們一個非常重要的問題：「要我為你們作甚麼？」(太二十32)他們沒有很籠統地回答說，「我們**要**你與我們同在。」

不。他們回答道，「要我們的眼睛能看見！」

耶穌在禱告中問我們同樣的問題：「你希望我為你作甚麼？」沒有說話比下列的更缺乏感動力了：「上帝，我祈求祢與莎莉同在。」事實上，這個禱告已蒙垂聽，因為上帝已經與莎莉同在。莎莉真正需要的是勝過沮喪。因此，第五章到第十章的要旨就是幫助你做明確的禱告，為了沮喪的感覺、婚姻和家庭、孩子、親人、職業和事業，以及生病和疾病。

移山的禱告是明確地表達需要。

4. 聚焦在天國

兩次在主禱文中，門徒被教導要特別為天國的降臨禱告：「願你的國降臨；願你的旨意成就」(參太六10)，以及「國度、權柄、榮耀，全是你的」(太六13下)。禱告的最高目標是看見，地上的國度成為我們的主和基督的國度(啟十一15)。

將焦點首先放在上帝的天國，表達了我們內在最深處的思想和動機。我們到底在建造誰的天國？上帝的或是我們的？雅各如此說明了動機和未蒙允許的禱告：

> 你們求也得不著，是因為你們妄求，要浪費在你們的宴樂中。（雅四3）

上帝應許要供應我們一切的需要(腓四19)，但是滿足我們的渴望和需求是次要的。

祈求上帝的國降臨，是我們祈求獲得上帝心中珍貴之物的良機。第十一章將幫助你朝這個方向前進。

移山的禱告是把終極的焦點放在上帝的國度。

5. 從心裏發出

有效的禱告反映我們心中真正想望的。如果單根據書本誦讀禱文，卻不放進我們的思想和感覺，那就像播放預先錄好的禱告辭。因此，耶穌禁止門徒用重複無意義的話禱告(太六7)。

聖經是用平民化的語言寫的。詩篇原本是一本禱告書，反映作者們內心最深處及濃厚的情感。使詩篇成為精妙好書的，不是它睿智的語言，而是它描繪出各式人等共同的心聲。

新約聖經是用通俗希臘文寫的，是一般人使用的語言，不是上流社會或當時代的作家所採用的古典希臘文。為甚麼我們在教會聽到許多的禱辭是艱澀難懂的？真實的禱告不是充滿了美麗的詞藻，它是由心中發出的。蘇格蘭的改教運動者諾克斯(John Knox)禱告時一針見血説：「給我蘇格蘭，或讓我死。」

移山的禱告是從心裏發出的。

6. 從上帝的話語中得力量

正如禱告從心中發出是極其重要的，用膏抹過的聖經話語禱告也是一樣。當耶穌在曠野被試探時，祂拿起聖靈的寶劍，用上帝的話語和撒但爭戰(太四；路四)。

根據希伯來書四章12節，如果上帝的話是「活潑的，是有功效的」，那麼當我們用聖經的話禱告時，上帝的話就在我們身上發揮功效，**甚至在禱告結束之後！**就像是核子反應，放射到永恆。

從聖經裏面我們認識到上帝的旨意，當我們的禱告符合祂的旨意，這些禱告就必成就。如果上帝在聖經中的應許是「是的」和「阿們」(林後一20)，那麼我們不應該忽略而不使用它。

移山的禱告是從上帝的話語得到力量。

7. 奉耶穌的名祈求

移山的禱告不是遲疑不敢問。聖經中最常用在禱告中的希臘字就是*proseuche*，字面上的意思就是「期望」或「祈求」，但是它並沒有「命令」的意思。保羅在腓立比書四章6節說，「應當一無掛慮，只要凡事藉著禱告、祈求，和感謝，將你們所要的告訴上帝。」藉著禱告，我們有機會向上帝陳明我們的需求。

請注意在同一節裏，我們被鼓勵可以將任何的事物帶到寶座前，我們所祈求的事沒有一件是太小或太大以致上帝不想回答我們的。

當我們祈求時，我們要奉耶穌的名。我們不須苦求已逝的偉大聖徒，或耶穌肉身的母親馬利亞替我們在上帝面前求告。耶穌是我們在上帝面前的求告者。耶穌說，「向來你們沒有**奉我的名**求甚麼，如今你們求，就必得著，叫你們的喜樂可以滿足。」(約十六24)

移山的禱告是奉耶穌的名祈求。

8. 憑信心禱告

我們若非有信，就不能得上帝的喜悅(來十一6)。我們必須相信，不只上帝有能力藉著我們的禱告移山，我們也必須相信祂也賜我們足夠的能力，並且祂希望我們移山。

加爾文(John Calvin)有一次說，「聖靈主要的工作是信心……信心主要的操練就是禱告」。[1] 禱告移山的主要成分就是信心。讓我們看耶穌在馬可福音十一章22至24節如何論到山：

> 你們當**信服**上帝。我實在告訴你們，無論何人對這座山說：「你挪開此地，投在海裏！」他若心裏不疑惑，只**信**他所說的必成，就必給他成了。

所以我告訴你們，凡你們禱告祈求的，無論是甚麼，只要**信是得著**的，就必**得著**。

請注意**信心**和**相信**在這段中被多次的表明。信心並不是由我們自己生發出來的，它是由上帝的話語和禱告裏產生的。「因此信道是從聽道來的，聽道是從上帝的話來的。」(參羅十17)

從這裏可以看出禱告和信心如何互相循環不已：我們在禱告中將自己奉獻給上帝；我們加深了與祂的關係；我們更明白祂心中記掛的事情是甚麼；我們比以前更看清楚祂對我們的期望；我們為這些期望而禱告；我們的禱告蒙垂聽，因為我們的禱告符合祂的旨意；上帝在我們生命中增加更多的信心。上帝在我們生命中建造愈多的信心，我們也愈想花更多的時間與祂一起。當我們花更多的時間與祂一起，這個循環就更替不已。

移山的禱告是憑信心禱告。

9. 從親密的關係生發出來

耶穌在約翰福音十五章7節說，「你們若常在我裏面，我的話也常在你們裏面，凡你們所願意的，祈求，就給你們成就。」禱告蒙垂聽的一個重要因素就是住在基督裏面——尋找祂、等候祂、聽從祂，讓祂引導你的禱告。住在基督裏面意含著要具有一個先決的關係。

每一個稱職的推銷員都曉得，貿然的推銷是最難推銷商品的。但是當推銷員和顧客建立了關係，推銷商品的機會率就高了很多，因為彼此信任的關係已被建立了，而且推銷員能夠按照顧客的需要售與貨品。

我們與上帝同行也是如此。要求上帝垂聽禱告，卻很少與上帝建立關係，就好像一個很貿然的推銷。一個互信的關係尚未建立，我們也完全不知上帝心中的旨意為何。

每一種關係都是根據相互之間的給與取。我們常常向上帝呼求，「請祢引導我未來的方向」，而我們卻不給祂機會向我們說話。我們一旦講完了禱告辭，就收起膝蓋起身走自己的路。難怪許多基督徒發現他們的禱告未蒙垂聽，也未體察上帝的引導！

雖然眾說紛紜，許多聖經學者相信常在詩篇中出現的詞「**細拉**」(*selah*)(例如在詩篇三篇)就是指一個反省及等候上帝的停頓。

我們都應該在半路中途期待會得到上帝的引導。在聖經裏，沒有聽見上帝的聲音意味著失去了上帝的祝福(代下七14)。但是在我們與上帝交談的某一刻，移山的禱告就開始了。

移山的禱告是從親密的關係生發出來的。

10. 拒絕放棄

我們的信心必須堅忍不拔。希伯來書十一章6節說：「人非有信，就不能得上帝的喜悅；因為到上帝面前來的人必須信有上帝，且信他賞賜那尋求他的人。」

禱告比較像馬拉松賽跑而不像短距衝刺。每一個長距離賽跑的選手都曉得，在賽途中，遲早他們都會碰見「關卡」，這時他們的意志力將受到嚴酷的考驗。整個軟弱的身體都呼喊著要放棄了，但是他們曉得，如果他們要跑完全程贏得獎牌，就必須堅持下去。

在禱告的前十分鐘很少會得到回答的，但是如果我們在碰見「關卡」時，緊緊抓住上帝的應許，祂就會回答我們的禱告，或改變形勢使它符合祂的旨意。但是太多時候我們在真正需要開始堅持下去的關卡上立即放棄了。

在一個講求快速的社會，期待更快的電腦，更快速的一餐，以及快節奏的電視節目，這些禱告的基本要求都不見了。如果一項禱告得不到快速回答，我們就失去興趣，跳到下一項去。

耶穌講過一個寡婦的故事，她向一個不義的官請求伸冤，她不停的攪擾他，直到他投降而答應了她的請求。耶穌用下列的話為這個比喻做結論：

主說：「你們聽這不義之官所說的話。上帝的選民晝夜呼籲他，他縱然為他們忍了多時，豈不終久給他們伸冤麼？我告訴你們，要快快的給他們伸冤了。然而，人子來的時候，遇得見世上有信德麼？」（路十八6～8）

好消息是——我們的上帝不是不義的審判官！祂渴望用好的東西祝福祂的兒女！如果我們服事的上帝是良善的，當我們孜孜不倦地禱告時，祂豈不會應允我們更多的禱告？我們再一次來看信心與堅持的關係：堅持就是行使信心。

移山的禱告就是拒絕放棄。

註：

1. John Calvin, "Principal Practice of Faith", *Christian History Magazine*, Issue 12, (Carol Stream, IL: Christianity Today, Inc, 1997).

第一章
為著上帝的本質敬拜祂

敬拜的意義在於承認被敬拜者是配得敬拜的。當我們敬拜時，我們承認上帝是「配得的」而敬拜祂。換句話說，我們告訴祂，祂對於我們意義非凡。敬拜集中在上帝的本質——祂自有的屬性和性情。我們敬拜是向上帝承認祂為我們干預而施展的大能，祂藉差派耶穌而顯出對我們的愛，或是祂那決定我們人生方向的智慧。

上帝創造我們的特殊目的是要我們敬拜祂。在以賽亞書四十三章21節，上帝形容義人為「這百姓是我為自己所造的，好述說我的美德」。《西敏寺教義問答》（*The Westminster Catechism*）用平信徒的語辭說，「人類終極的目的是要榮耀上帝，以及永遠地享受上帝。」[1]敬拜就是榮耀及享受上帝。

當我們承認上帝是配得的，我們就開始與作為一個人的理由契合。事實上，當我們除去肉體的元素，我們會發現敬拜是自然而然的。當我們享受上帝時，祂也享受我們。這就難怪當我們敬拜上帝時，我們會體驗祂的同在！

我們的敬拜和讚美確實為我們的天父建造了寶座給祂坐著統治。在詩篇二十二篇3節中，大衛王禱告説，「但你是聖潔的，是用以色列的讚美為寶座的。」藉著頌揚上帝，我們迎接祂真實而明顯的同在，進入我們每日的生活中。我們這樣做會釋放祂的大能和品德進入我們的生命中。

以敬拜為開始的禱告帶來上帝的觀點。當詩人看見惡人亨通，義人遭難，祂的心甚為沮喪，祂把心事帶到天父面前。看看這事的結局是怎樣的：

> 我思索怎能明白這事，
> 眼看實係為難，
> **等我進了上帝的聖所，**
> **思想他們的結局。**
>
> （詩七十三16～17）

直到他進了上帝的聖所，到上帝的面前，詩人的心意一直是沉重的。但是當他開始用上帝的眼光看事物，一切都改變了。

上帝的同在——是我們用讚美和敬拜獲致的——引導我們進入上帝的觀點。當我們用上帝得勝的眼光看我們所祈求的，我們的祈求一定會有所改變，而更符合上帝的旨意。最後，我們的禱告會蒙應許，因為耶穌說過，「你們若常在我裏面，我的話也常在你們裏面，凡你們所願意的，祈求，就給你們成就。」(約十五7) 住在耶穌裏面 —— 花時間與祂同在，享受祂 —— 就是禱告移山的關鍵。

最後，敬拜不只是聚會前的開會禱告，或是主日崇拜證道前所唱的詩歌。敬拜是一種態度，一種生活方式。保羅在哥林多前書十章31節說：「所以，你們或吃或喝，無論作甚麼，都要為榮耀上帝而行。」當我們敬拜上帝時，我們成為上帝的同在和大能的管道，影響我們周圍的每一個人。

註：

1. Morton H. Smith, *Shorter Catechism of the Westminster Confession Standards* (Simpsonville, SC: Christian Classics Foundation, 1997).

1 尊主為大

我要時時稱頌耶和華；

讚美他的話必常在我口中。

我的心必因耶和華誇耀；

謙卑人聽見就要喜樂。

你們和我當稱耶和華為大，

一同高舉他的名。

我曾尋求耶和華，他就應允我，

救我脫離了一切的恐懼。

（詩三十四1～4）

上帝啊，今日我選擇要來讚美祢的名。我讚美祢的偉大，祢的偉大並不因為我而受影響。與祢全勝的力量相比較，這個世界的種種困難，只不過是小孩子的遊戲。因此我選擇定睛在解決難題的主，過於困難的本身。上帝啊，我要因祢而誇耀，因為在祢沒有難成的事（太十七20），只有祢能使不可能成為可能。

噢，主啊，我要宣告祢的名。我的神，我要將大德歸與祢，因祢是磐石，祢的作為完全，祢所行的**無不**公平（申三十二3～4）。因此，我憑信來投靠。祢大過於我的困難，大過於我的重罪，大過於我的疾病，大過於抵擋我的人，大過於黑暗的權勢，大過於我的缺點，大過於祢眾百姓的缺失，大過於人間的政府，大過於我在觀念上將祢局限的那狹小的範圍。我的上帝，**祢的**偉大無與倫比！

惟獨靠著祢，使我有力量勝過環境，因為在我裏面的，比那個在世界上的更大（約壹四4）。我心中所盼望的，乃是祢的名能透過我的生命，讓全世界的人知道。

我伸出我的雙臂環繞祢，祢是那位統管天地的主。世上沒有任何權勢能勝過祢，沒有更強烈的愛，沒有更深邃的智慧。惟獨祢巍巍然立於大地，可是祢竟然也選擇立於我身旁。

雖然祢是無與倫比，但祢竟然選擇透過祢的兒子耶穌基督、聖經、聖靈來啟示祢自己，驅使我因感恩而屈膝在祢跟前。祢無須向我啟示祢自己，祢竟然做了。但願祢的偉大顯現在我的生命中，好叫世人也看見祢的榮耀（結三十八23）。

參閱

第一章·2　默想祂的全能和全在
第二章·8　感謝上帝供應我的需要
第三章·9　建立信心和信任
第四章全章　〈罪〉
第五章·2　憂慮中得平安
第十章全章　〈生病和疾病〉
第十一章全章〈引進上帝的國度〉

2 默想祂的全能和全在

我聽見好像羣眾的聲音，眾水的聲音，大雷的聲音，說：

哈利路亞！

因為主——我們的上帝

全能者作王了。

（啟十九6）

哈利路亞！因為主我們的神，全能者，作王了！我再說，哈利路亞！因為主我們的神，全能者，作王了！諸天和地都不能與祢的大能大力相比，如同祢藉著先知耶利米說的，「我是耶和華，是凡有血氣者的上帝，豈有我難成的事麼？」（耶三十二27）沒有一座山太大而祢不能把它投入深海，在祢沒有難成的事。所以我更喜歡誇自己的軟弱，因我甚麼時候軟弱，甚麼時候祢就使我剛強了（林後十二9～10）。

雖然祢有無窮的大能，我卻無須懼怕；我尊崇祢偉大的名，但是我不因祢喪膽，因為祢的慈愛和祢的大能一樣偉大。

通過祢的兒子耶穌，**以馬內利**，祢就是「上帝與我們同在」（賽七14；太一23）。藉著道成肉身，在我需要的時候，祢顯明祢的愛並樂意就近我。耶穌，祢是上帝的能力和本體的顯現；只有通過祢，我才可以真正脱離罪的轄制。

我的心迴響著詩篇作者的話，他這樣寫著：

我往那裏去躲避你的靈？
我往那裏逃、躲避你的面？
我若升到天上，你在那裏；
我若在陰間下榻，你也在那裏。
我若展開清晨的翅膀，
飛到海極居住，
就是在那裏，你的手必引導我；
你的右手也必扶持我。

（詩一三九7～10）

上帝啊，我往哪裏躲避可以逃離祢的愛（羅八35）？我若逃到地之角，我會發現祢在那裏等我。祢緊緊靠在我身旁，帶領我，鼓勵我，信任我。在我窮途末路時，當我孤單無依時，祢的話語應許我，祢與我同在（來十三5），沒有人可以把我從祢手裏奪走（約十

28～29)。祢是我的避難所和力量，是我患難中隨時的幫助(詩四十六1)。

因為我無法逃離祢的愛，我也知我可以在禱告中親近祢。惟獨祢能按照祢的能力應允我的懇求。

無人像祢這樣對我影響至深，祢的愛和祢話語的能力，觸摸我心中的隱密處，和我心中最深處的需要。因為祢是無處不在，祢也看透我內心的深處。祢知道我的過錯、我的失敗、我的軟弱，超過我自己所明白的。甚至當我比眾人更憎惡我自己的時候——祢接納我，並稱我單屬於祢。

因為祢是全能、全在、全智、全愛的上帝，我可以把我的生命完全交託給祢，絕不擔心祢會不愛我、丟棄我。祢把天地萬物整合起來按照祢神聖的計劃運作：將榮耀和尊榮全歸祢。祢叫祢的百姓存立，是特要向我們顯出祢的大能，並要使祢的名傳遍天下(出九16)。因此主啊，我在此甘心情願把單單屬於祢的讚美和榮耀歸給祢。

參閱

第一章·1　尊主為大
·4　為著上帝的創造讚美祂
·5　因上帝的威嚴和聖潔的榮美而歡呼

第二章・5　為著基督的復活感謝上帝

　　　・7　感謝上帝差派了祂的靈

第三章・4　因著聖靈的恩賜受感動

　　　・8　在上帝的旨意中與祂同行

第四章・1　救恩的禱告(罪人的禱告)

　　　・2　重新委身的禱告

第五章・8　害怕中得鼓勵

第十章全章〈生病和疾病〉

第十一章全章〈引進上帝的國度〉

3 珍惜上帝的愛

古時耶和華向以色列顯現，說：我以永遠的愛愛你，因此我以慈愛吸引你。（耶三十一3）

天父，我已經多久沒有向祢說我愛祢？我常常因生活忙碌和世俗纏累，忘記稍停腳步來向祢說一聲我愛祢。因此，在這裏我從內心深處，向祢說一聲我常常忘記說的：**我愛祢**。

我愛祢，因為甚至在我被造以前，祢已經先愛了我（約壹四19）。當我想離開祢而獨自生活，祢仍然愛我——再三呼喚我回到祢身邊（羅五8）。即使是在我毫不可愛，毫不可取的時候，祢繼續不斷地愛我、接納我，因為祢的憐憫**從不**斷絕（哀三22）。當我失信的時候，祢的話語應許我，祢仍然是可信的，因為祢不能背乎自己（提後二13）。我心十分安慰和平安，因為我發覺，我不能做甚麼以使祢比祢已愛我的更加愛我，或更少愛我。

祢的話告訴我們「人為朋友捨命，人的愛心沒有比這個大的」(約十五13)。我愛祢，因為祢稱我為「朋友」(約十五15)。祢愛到極致，甚至賜下祢的兒子耶穌，祂在十字架上為我而死(約十三1；約壹四9)。祢的憐憫不是要隔離我和祢，而是要引領我更加靠近祢(來十19～20)。

祢救贖恩典的禮物太大，我無法報償，但是祢的恩典不止於此，祢讓我品嘗祢慈愛的滋味(詩三十四8)，我嘗過並看見祢是美善的。

因此我宣告「我屬我的良人，他也戀慕我」(歌七10)。祢的邀請在永恆的長廊裏迴響著，呼喚萬民與祢合一，被祢的愛吸引，品嘗祢的愛和永遠享受祢的愛。

這種愛在聖父、聖子、聖靈之間彼此分享著，這種愛祢也渴望與我分享(約十七26)。我永遠感謝祢，因為祢創造我是為了把祢的愛傾注在我生命之中。

祢的慈愛比生命更好(詩六十三3)，祢的慈愛賦予我生命。祢在我心深處所安置的空缺，我無止境的追尋塵世歡愉都無法填滿它，只有祢能夠。

不僅是向我顯示祢的愛，祢就是愛。祢就是愛，並不因為祢做了甚麼，乃是因為祢之所是。為了回應祢無與倫比的愛，我奉獻自己為祢而活，愛人如己，如同祢愛我一樣(約壹四7～8)。

我摯愛祢的慈愛！

參閱

第一章·6　更渴慕耶穌

第二章·1　感謝上帝差派了耶穌

·4　為著上帝的恩惠和憐憫感謝祂

·10　感謝上帝揀選我

第三章·3　結出聖靈的果子

·10　知足的心

第十一章·10　基督第二次來臨

4 為著上帝的創造讚美祂

上帝造萬物，各按其時成為美好，又將永生安置在世人心裏。然而上帝從始至終的作為，人不能參透。（傳三11）

嬰孩嚶聲低語……繁密的樹枝向天空延伸……淙淙的小溪緩緩而流，這些響聲組成了宇宙詩班，向祢歌頌。祢的話語宣告，「諸天述說上帝的榮耀」(詩十九1)。我觀看四周，我看見祢的創造沒有瑕疵。大山之美是祢手裏精心的雕刻，春天嫩綠青翠的田野，提醒我祢無休止的供應。夏雨過後色彩繽紛的彩虹，敍述祢向各樣活物所立信實的永約(創九16)。風景如畫的田野，彩繪出姹紫嫣紅的圖畫，展現出祢這大畫家的手筆。冬天潔白的霜雪也訴説祢寶血的大能，洗淨我的罪，使我潔白如雪(賽一18)。

所有的受造物都顯明祢的永能和神性，啟示祢的存在，叫人無可推諉(羅一20)。主耶穌啊，萬有中祢是首生的，萬有都是靠祢造的。無論是天上的，地上的，能看見的，不能看見的，或是有位的，主治的，執政的，掌權的，一概都是藉著祢造的，又是為祢造的(西一16)。天父啊，因著祢的旨意，藉著祢的兒子耶穌基督的話，以及聖靈的大能，祢從無生有，創造了諸天和地(創一1)。

在祢立了大地的根基之後，祢環視所造的萬物，祢不僅稱它為好，祢稱它為甚好(創一31)。全能的上帝啊，創造之工甚好，因為它反映了祢的完全美善。祢造萬物各按其時，成為美好(傳三11)。

而最令人驚訝的是祢在我身上的傑作。就是我！統管宇宙萬物的上帝，按祂的形像創造了我。我要稱謝祢，因我受造奇妙可畏(詩一三九14)。正如祢親密地將祢自己包容在造我的過程之中，祢同樣地賜我生命中一切的美好。祢的慈愛太大，超過我能想象的。

主啊，地和其中所充滿的，世界和住在其間的，都**屬於**祢(詩二十四1)。因為萬物都屬於祢，祢卓然獨立，無一物可影響祢；祢統管萬有，天地都按祢的旨意陳列。「主耶和華阿，你曾用大能和伸出來的膀臂創造天地，在你沒有難成的事。」(耶三十二17)

祢在地上的傑作只是預顯天上的美善，所以我要切切地等候，在那日我要親眼見祢，在天上與祢同在享受一切的榮美。

5 因上帝的威嚴和聖潔的榮美而歡呼

要將耶和華的名所當得的榮耀歸給他，
拿供物來奉到他面前；
當以聖潔的妝飾敬拜耶和華。

（代上十六29）

耶和華我們的主啊，祢的名在全地何其美（詩八1）！榮耀的王，我的心喜悅祢，祢是在戰場上有能有力的耶和華（詩二十四7～8）。祢的國度是建立在公義和公平的根基上（詩八十九14）。天上和地下的權柄都已賜給了祢的兒子耶穌（太二十八18），和平的仁君（賽九6）。耶穌，我因祢的名歡呼，一切在天上的，地上的，和地底下的，都因祢的名，無不屈膝，無不口稱耶穌基督為主，使榮耀歸與父神（腓二10～11）。

全能的上帝，世上沒有一王可以與**我的**王相比，沒有一神可以與**我的**神相比。比起祢的大能，萬民只像水桶裏的一滴（賽四十15）。祢的治理從廢王、立王到改變時令（但二21）直到永遠（但七14）。死亡、罪惡和陰間的權勢都不能與祢相比，我只能為我的王歌頌、歡呼。祢的治理無窮無盡(代上十六31)！

人若見祢的面就必定死亡(出三十三20)，然而祢卻讓我這一出母胎就有罪的人，因著耶穌基督的寶血，可以與祢親近(來四16)。當我趨近祢的寶座，我心被祢的榮美所吸引；祢的偉大和光輝使我心震懾。

我心顫抖，因我竟然可以進入全能上帝的內室。祢是統管萬有，手中廢王、立王的上帝(但二21)。所以我用敬拜和讚美為祢設立一個合祢心意的寶座(詩二十二3)，無論我是在困境(雅一2)或亨通(詩一一五1)，在我的思想中(西三2)，或我所作的一切事上(帖前五16～18)。

祢的聖潔描繪了祢的榮美，祢的作為完全(申三十二4)。祢恨惡惡事(詩五4)和不公義(詩九十二15)。無人能與祢相比(賽四十25)。耶穌，在祢身上顯明了上帝的榮美(賽四2)，世上的美善反映出祢本性的榮美。主啊，讓祢的榮美在我身上彰顯(詩九十17)。

只有手潔心清的人能享受祢的同在(詩二十四3～4)，謝謝祢賜我聖靈，因此我有能力成為聖潔，就像祢是聖潔一樣(利十一45)。

我惟一渴求的，就是一生一世住在祢的殿中，瞻仰祢的榮美，尋求祢(詩二十七4)，「在你的院宇住一日，勝似在別處住千日。」(詩八十四10上)當我在祢的榮美和光輝中看見祢時，我再一次深深地愛上祢。

因此，我的王，我向祢竭盡我的忠誠，我要加入圍繞祢寶座的四活物的行列，呼喊「聖哉！聖哉！聖哉！主上帝是昔在、今在、以後永在的全能者」(啟四8下)！

參閱

第一章·2　默想祂的全能和全在

·3　珍惜上帝的愛

·4　為著上帝的創造讚美祂

第二章·3　為著十字架和寶血感謝上帝

第三章·1　謹守清潔

·2　在聖潔上成長

第四章全章　〈罪〉

6 更渴慕耶穌

我羨慕渴想耶和華的院宇；

我的心腸，我的肉體向永生上帝呼籲。

（詩八十四2）

親愛的耶穌，我帶了一個請求，亦是一份禮物來到祢面前。一個請求，因為它對**我**有益；一份禮物，因為它會討**祢**喜歡。

我心渴望能更渴慕祢。我的心已經表白，我無止息的流浪，已經證明，沒有祢的同在，我就屬靈破產。只有在祢裏面，我找到永恆的生命和真理(約十四6)。只有在祢裏面，我找到道路往天父的心(約十四6)。離開了祢，我甚麼都不是(詩十六2)。

祢就是詩人所渴望的那一位：

除你以外，在天上我有誰呢？

除你以外，在地上我也沒有所愛慕的。

我的肉體和我的心腸衰殘；

但上帝是我心裏的力量，

又是我的福分，直到永遠。

（詩七十三25～26）

耶穌，我惟獨渴慕祢，因為祢是我心裏的力量，也是我永遠所需要的。我的靈呼喊要更多得到祢，因為只有在祢裏面，我找到真實的目的和意義。惟獨祢能夠完全填滿上帝安置在我心靈的空缺，我經常用世界和自私的娛樂喜好，都不能把它填補。

因此，我用施洗約翰的話回應：祢必興旺，我必衰微（約三30）。但願我愈來愈衰微，而祢在我身上成形更多。因著我愈來愈衰微，我能在我身上活出祢的生命。只有這種生命能在祢眼前蒙祢喜悅。

「我羨慕渴想耶和華的院宇；我的心腸，我的肉體向永生上帝呼籲。」（詩八十四2）耶穌，我渴望生命的活水，它只能飲自救恩的泉源（賽十二3）。

我需要更多的祢——更多祢的能力，更多祢的榮耀，更多祢的性格，更多祢的工作；主耶穌，我需要更多的**祢**在我的生命中。我要認識祢，曉得祢復活的大能，並且曉得和祢一同受苦，效法祢的死，以至我能從死裏復活（腓三10）。認識祢就是愛祢，為祢而活，向著自己是死的。

在這一切之上，我要更多的祢只是因為我愛祢。

參閱

第一章 · 7　敬拜基督，祂是偉大的「我是」

· 8　用心靈和誠實來敬拜

第二章 · 1　感謝上帝差派了耶穌

· 10　感謝上帝揀選我

第三章 · 10　知足的心

第四章 · 13　勝過自私的心

7 敬拜基督，祂是偉大的「我是」

耶穌說：「我實實在在的告訴你們：還沒有亞伯拉罕就有了我。」（約八58）

耶穌啊，從前當摩西在西乃山旁遇見焚燒的荊棘，他被告知，是「**我是自有永有的**」差遣他去解救以色列百姓（出三13～14），當時摩西並不知道是在和祢說話。當時的祢，和福音書中的祢，以及現在的祢，是一樣的（來十三8）。祢不是那一位偉大的「我曾是」，或是偉大的「我但願」；祢是偉大的「**我是**」，祢攝理於永遠的現在。

祢是生命的糧（約六35）。祢應許我，當我就近祢時，我永不會飢餓；如果我信靠祢，我永不會再口渴，因為祢完全滿足我的渴求（約四13～14）。沒有任何人、經驗或書籍像祢一樣能完全滿足我心。祢是我惟一得力的來源，與祢相比，所有其他的來源顯得軟弱無力。

祢是世界的光（約八12）。耶穌，祢是純潔、無瑕、聖潔的（約壹一5）。祢的光照亮我靈裏的瞎眼，將救恩之路給我照明。離開祢的光，我在黑暗中盲目徘徊，可是當祢的亮光一照，黑暗即刻遁走，帶給我清楚的方向。

祢是羊的門（約十9）。在祢裏面我找到保護和豐盛的供應。祢是惟一進入天父的安全、無懼和救恩的路徑。

祢是好牧人，祢悉心照顧祢的羊（約十11）。祢不是**壞**牧者，祢是**好**牧人。每當我走迷路，祢沒有鞭打我，祢只溫柔地輕輕拍我回到祢的道路。我可能無法每次知道祢帶領我往何處去，可是我要跟隨祢，因為我知道祢值得信任。我雖然行過死蔭的幽谷，也不怕遭害，因為祢是我的保護者（詩二十三4）。

祢是復活和生命（約十一25～26）。不管我感覺多氣餒，或軟弱無力，我永不絕望，因為祢將生命氣息吹入無生命氣息的絕望之地。祢是賜生命者，祢的能力勝過死亡和墳墓（林前十五55）。

祢是道路、真理和生命（約十四6）。我敬拜祢，將我的生命交託給祢，因為祢是進入永生的**惟一**道路，祢是上帝住在我裏面的真理和生命。

祢是真葡萄樹（約十五1）。任何在我生命裏的更新良善，都是由於祢的救贖工作（約十五5～8）。離開了祢，我甚麼都不能做，因為我惟獨依靠祢（約十五5）。為了愛我，祢修剪我身上不能結果子的部分，使我能結出更多果子（約十五2），並且更像祢。

祢就是「**我是**」，因為祢是上帝——是上帝的獨生子——道成肉身（約三16）。祢是我的大醫生（太十五30）、救贖主（加四4～5）、彌賽亞（約四25～26）、救世主（約四42）和主人（林前十二3）。祢是我想擁有和需要的一切。我感謝祢，因為祢是那偉大的「**我是**」！

第一章 · 6　　更渴慕耶穌

第二章 · 1　　感謝上帝差派了耶穌

· 8　　感謝上帝供應我的需要

第三章 · 10　　知足的心

第十章 · 1　　超自然的治療

8 用心靈和誠實來敬拜

時候將到，如今就是了，那真正拜父的，要用心靈和誠實拜他，因為父要這樣的人拜他。上帝是個靈，所以拜他的必須用心靈和誠實拜他。(約四 23 ～ 24)

天父上帝啊，人們常常把敬拜局限在特定的時間和地點。我不贊同祢被局限的這種想法，因為祢不被我所唱的一首詩、所讀的一節聖經，或所參加的教會禮拜所限制。與其一周與祢同在數次，我寧願選擇無論何往都與祢同在。我心渴望**活在**敬拜祢的生活中——用心靈和誠實來敬拜。

我決心改正常常在我生活中出現的，就是在嘴唇上的事奉。「耶和華——我的磐石，我的救贖主阿，願我口中的言語、心裏的意念在你面前蒙悅納。」(詩十九14) 當我睡著或醒來，願我首先想到祢。當我在路上開車，或在公司上班，願我的心被祢吸引，因為討祢喜悅是惟一重要的。

祢的話語鼓勵我將自己獻上，當作活祭，是聖潔而討祢喜悅的——這就是我在靈裏的敬拜(羅十二1)。我形諸於外的敬拜並不受周圍的事物所影響，因為最重要的是祢的想法，我一心要討喜悅的對象就只有一位：祢。

正如大衛在耶路撒冷的街道上跳舞，不顧周圍人羣的存在，我也是這樣全心全意敬拜祢(撒下六14)。我的人生是一個舞台，只呈現給一位觀眾，就是祢。從內心到外在，我都用心靈**和**誠實事奉，願我一切的思想和行為都討祢喜悅。

在廣大無垠的時空中，祢召聚我們。祢知道我們在敬拜中討祢喜悅，同時它也改變我們。上帝啊，祢的話語應許我們，祢要**尋找**那用心靈和誠實敬拜祢的人(約四23～24)。我要作那個祢要尋找的人。但願祢那有創造力、賦予生命的能力，傾注在我奉獻給祢的一言一行之中。

參閱

第一章·5　因上帝的威嚴和聖潔的榮美而歡呼

第二章·6　感謝上帝使我因著基督成為義

·10　感謝上帝揀選我

第三章·2　在聖潔上成長

　　　·3　結出聖靈的果子

　　　·6　學習順服

　　　·7　培養正直的人格

第四章·2　重新委身的禱告

第十一章全章〈引進上帝的國度〉

9 喜愛上帝的旨意

我們也在他裏面得了基業；這原是那位隨己意行、作萬事的，照著他旨意所預定的，叫他的榮耀從我們這首先在基督裏有盼望的人可以得著稱讚。（弗一11～12）

天父，我心感安慰，知悉這個世界的複雜和我生活中的事物，我並沒有責任去完全了解或控制。如果我是世界命運的主宰者，我們的生存就堪虞了。

但是我很高興知道，祢的智慧遠超過我的智慧。祢的話語宣告，「我的意念非同你們的意念；我的道路非同你們的道路。天怎樣高過地，照樣，我的道路高過你們的道路；我的意念高過你們的意念。」（賽五十五8～9）

祢看見森林**和**樹木，祢調和國際事務也照顧我的微小事物；祢知悉每一個古來今往的人，祢按祢的旨意帶領每個人的人生。

祢是全知、全然了解的上帝。諸天和地是按祢的知識和能力造的，祢按祢的全知斷定義與不義。祢的智慧是基於天上的而不是世界的。離開了祢，沒有智慧，沒有洞見，沒有任何計劃可以成功(箴二十一30)。

「深哉，上帝豐富的智慧和知識！他的判斷何其難測！他的蹤跡何其難尋！」(羅十一33)祢有無窮的智慧。

透過祢的兒子耶穌，祢創造了天和地(約一1～3)，且托住萬有(來一3)。

在一切之上，祢創造中的傑作……就是我。我在母腹中，祢已護庇我(詩一三九13)，按祢的形像造我(創一26～27)，並且祢將生命的氣息吹進我身(創二7)。祢甚愛我，讓祢的兒子因為我的罪而死在十字架上，使我可以與祢同享永恆的生命。(彼前二24)

祢有無限的智慧和無窮的能力，然而我喜愛祢的旨意，因為我知道**祢愛我**。祢值得我全然信任。不論我知道與否，祢所作的都是為著我最大的好處。我喜愛祢的旨意，因為我知道祢永遠以愛回應我。祢永遠站在我身旁，祢若幫助我，誰能抵擋我呢(羅八31)？

當我不明白時，我要信任祢。甚至當環境看似險惡時，我知道祢的旨意要行在我身上；因為萬事都互相效力，叫愛祢的人和按祢旨意被召的人得益處(羅八28)。

所以，我要滿懷信心地說：「主阿，願你的國降臨。願你的旨意行在我身上，如同行在天上。」(參太六10)

「但願尊貴、榮耀歸與那不能朽壞、不能看見、永世的君王、獨一的上帝，直到永永遠遠。阿們！」(提前一17)

參閱

第一章·2　默想祂的全能和全在

·5　因上帝的威嚴和聖潔的榮美而歡呼

第三章·6　學習順服

·8　在上帝的旨意中與祂同行

第四章·15　勝過背叛的心

10 以欣悅的心面對沮喪

你們要靠主常常喜樂。我再說，你們要喜樂。

（腓四4）

今日我將我的困境交託給掌管萬事的主。耶穌，儘管我心緒複雜，我向祢獻上讚美的祭（來十三15）。當我的生活平靜、無難事，我獻上的讚美顯得平凡；然而，當處境不如**我的**計劃時，那正是我要靠祢大大喜樂的時候。我**不將**便宜的祭物獻給主我的上帝，作為讚美的祭（撒下二十四24）。

因此，我喜樂，我因拯救我的上帝而喜樂：

雖然無花果樹不發旺，

葡萄樹不結果，

橄欖樹也不效力，

田地不出糧食，

圈中絕了羊，

棚內也沒有牛；

然而，我要因耶和華歡欣，
因救我的上帝喜樂。
主耶和華是我的力量；
他使我的腳快如母鹿的蹄，
又使我穩行在高處。

（哈三17～19）

主耶和華啊，是祢使我的腳快如母鹿的蹄，是祢使我穩行在高處，因此我能爬越任何險峻的高山。

耶穌，當祢被釘在十架上，且被埋葬，盼望彷彿失去了；但在三天之後，因著復活的大能，祢從死裏復活。同樣地，我知道我人生的最後一章還沒有開始寫。

當保羅和西拉被上鐐關在腓立比的監牢時，他們揚聲讚美祢的名，祢用大能的手釋放他們（徒十六25～26）。獻給祢的讚美震動監牢的地基，解開捆鎖，並釋放被擄的。

我在軟弱的時候要讚美祢，因為祢使我的軟弱變成剛強（林後十二10）。祢使用困境來鋤起我生命中休耕的田地。事實上祢最善於在混沌中做出最好的造化大功（創一2）。

在祢身旁是惟一的安全之地。我可能對我的處境不夠了解，然而我可以滿懷信心地說**我信靠祢**。我渴望在祢身旁，無視於周圍的驚濤駭浪，因為我知道，祢隨時可以斥責我人生的風浪說：「住了吧！靜了吧！」（可四39），風浪便會立刻靜止。

因此我喜樂！祢的工作超過我眼所能看見的，我要像保羅對這事滿懷信心：「我深信那在你們心裏動了善工的，必成全這工，直到耶穌基督的日子。」（腓一6）

參閱

第一章．1　尊主為大

第二章．8　感謝上帝供應我的需要

第三章．5　孕育忍耐

第五章．3　失望中得希望

第六章．4　財務的困難

第十章全章　〈生病和疾病〉

第二章

為著上帝的作為感謝祂

有一天，當耶穌朝耶路撒冷而去時，穿過一個小村，祂聽到一羣人在眾人的喧嘩聲中向祂呼喊著。「耶穌！」「夫子！」「可憐我們！」

懷著憐憫的心腸，耶穌觀看這十位痲瘋病者並且說道：「你們去，把身體給祭司察看！」

這些痲瘋病者離去了，被祭司詳細檢查之後——祭司也權宜擔當醫生的工作——便給他們已潔淨的健康證明。其中九個走了，很可能是回家去了。由於以前因皮膚病被社會隔離，現在必定因著得醫治欣喜若狂。痲瘋病得醫治意味著得了新生。

然而只有一位撒瑪利亞人回來找耶穌。他俯伏在耶穌腳前感謝祂。

耶穌低頭看這個人，問道：「潔淨了的不是十個人麼？那九個在那裏呢？除了這外族人，再沒有別人回來歸榮耀與上帝麼？」於是耶穌對他說：「起來，走吧！你的信救了你了。」(參路十七17～19)

為甚麼耶穌認為要十個都回來道謝是很重要的？

回溯到摩西的時代，我們可以看見上帝重視感謝的心態。以色列人其中一個被定規要獻的祭禮是感恩祭。當百姓得到額外的祝福，他們就要向上帝獻感恩祭。要感謝的可能是意料之外的懷孕，或是超乎想象的豐收。無論如何，感恩祭乃是得到分外禮物而表達的感謝的心。直到耶穌的時代，百姓仍是獻上感恩祭。

不久之後，在被賣的那一夜，耶穌和門徒享用我們今日所稱的主餐，傳統上也稱呼它為「**聖餐禮**」(Eucharist)。在希臘文裏，*eucharista* 這個詞意謂「感謝」(thanksgiving)。我們享受聖餐乃是紀念那份最偉大的禮物：耶穌。

感謝與敬拜讚美不同。敬拜是集中在上帝的本質——祂自有的屬性和品德(參第一章)。感謝則專注於上帝已做了的事。我們讚美上帝因祂有**能力**供應我們所需要的，我們感謝祂因為祂**供應了**我們的需要。兩者對於有效的禱告都十分重要。

詩人這樣寫道，「當稱謝進入他的門；當讚美進入他的院。當感謝他，稱頌他的名！」(詩一〇〇4)這兩者合起來成為我們來到上帝面前的路徑。

好比那十個痲瘋病者，我們是從耶穌基督領受了新生命。我們正如他們，有許多值得感謝的事。

1 感謝上帝差派了耶穌

你們當以基督耶穌的心為心：
他本有上帝的形像，
不以自己與上帝同等為強奪的；
反倒虛己，
取了奴僕的形像，
成為人的樣式；
既有人的樣子，就自己卑微，
存心順服，以至於死，
且死在十字架上。

（腓二5～8）

主耶穌啊，我永遠不會完全明白，為何祢選擇離開安全舒適的天堂而來到人間？為何祢放棄祢的尊貴，道成肉身取了奴僕的形像，甚至被釘死在十字架上（腓二6～8）？這一切都只可能是因為愛，這愛是過於我所能了解的，但是我永遠感謝祢。

祢甘心順服天父的旨意，並且選擇由童貞女馬利亞所生，是為了救贖我——將我從罪惡和死亡的律中買贖回來。祢本來富足，卻為我成了貧窮，叫我因祢的貧窮，可以成為富足（林後八9）。祢沒有出生於富裕的家庭，祢無佳形美貌使我們羡慕祢。祢被人藐視、厭棄，多受痛苦，常經憂患（賽五十三2～3）。

祢沒有等候我們認定祢、尊崇祢、接納祢本來的身分，然而祢接納我進入上帝的家庭，成為祢收養的兄弟（加四4～5），藉著對祢的信心，我成為神的兒子（加三26）。

我現在可以坦然來到祢的施恩座前，因為我深知祢全然知悉我的需要。在我受試探時，我知祢會賜我豐富的憐憫和恩惠，因為祢也曾凡事受過試探，與我一樣，只是祢沒有犯罪（來四15～16）。當我遇見患難時，我知道祢的恩典夠我用（林後十二8～9），因為祢也曾忍受苦楚走向十字架。當我被人拒絕（約一11），經歷苦難（林後一5），極度需要（腓四19），我知道我有祢這一位大祭司，能體諒我的軟弱。

謝謝祢讓我白白領受恩惠，祢甚至為我付出祢自己的生命，為的是要了解我，賜給我救恩，和指引我通往天父的路。我惟一的回報是為祢而活。

參閱

第一章 · 6　更渴慕耶穌

· 7　敬拜基督，祂是偉大的「我是」

第二章 · 3　為著十字架和寶血感謝上帝

· 6　感謝上帝使我因著基督成為義

第四章 · 1　救恩的禱告（罪人的禱告）

第十一章 · 2　分享福音

· 10　基督第二次來臨

2 感謝上帝賜下祂的話語

聖經都是上帝所默示的，於教訓、督責、使人歸正、教導人學義都是有益的，叫屬上帝的人得以完全，預備行各樣的善事。（提後三16～17）

主耶和華啊，我的心回應詩人的沉思，「我何等**愛慕**你的話語」(參詩一一九97)，好像面對佳餚美食，我仔細品嘗。「你的言語在我上膛何等甘美，在我口中比蜜更甜！」(詩一一九103)我愈少讀祢的話，我的靈就愈軟弱，而我的心就愈剛硬。當我飽餐祢的話語，我的靈就愈強壯，並且對聖靈愈敏感。

祢的話語是一切真理的準繩。「你話的總綱是真實；你一切公義的典章是永遠長存。」(詩一一九160)一切的真理必須符合祢的話語，否則就不是真理。

祢的話永遠立定。「草必枯乾，花必凋殘，惟有我們上帝的話必永遠立定。」(賽四十8)沒有一本書能與聖經比擬。在一個信仰和道德變幻無常的社會裏，祢讓我們站立在一個穩固的根基上，可以擋住任何風暴。

祢的話語讓我看見救恩的路。沒有它，我無法知道永恆生命的答案，並且不認識祢(提後三15)。耶穌，謝謝祢藉著聖經向我啟示祢自己。

祢的話語增強我與罪惡爭戰的力量。「我將你的話藏在心裏，免得我得罪你。」(詩一一九11)

祢的話帶領我。「你的話是我腳前的燈，是我路上的光。」(詩一一九105)

祢的話將盼望灌注在我之內。「從前所寫的聖經都是為教訓我們寫的，叫我們因聖經所生的忍耐和安慰可以得著盼望。」(羅十五4)當我失意時，我可以打開祢的聖經，可以明白更多祢對我的愛。

祢的話語使我昌盛。當我默想祢的話，謹守遵行聖經上所寫的一切話，我的道路就亨通，而我就會成功(書一8)。

祢話語的能力擊敗敵人。我謝謝祢將聖靈的寶劍放在我的手中，它就是上帝的道(弗六17)，它使我能打垮撒但和陰間的權勢。

主耶和華啊，祢的道是活潑的，是有功效的，比一切兩刃的劍更快，甚至魂與靈，骨節與骨髓，都能刺入剖開，而心中的思念和主意，都能辨明(來四12)。祢的話語打開我的心，讓聖靈在我心深處工作。

謝謝祢把賦予生命的話語交付給我，謝謝祢因祢的大愛把祢的本性和祢的道路啟示我。

參閱

第一章 · 6　更渴慕耶穌
· 9　喜愛上帝的旨意
第三章 · 8　在上帝的旨意中與祂同行
· 9　建立信心和信任
第四章 · 1　救恩的禱告(罪人的禱告)
· 2　重新委身的禱告
· 14　從說謊和欺騙中得釋放
第五章 · 3　失望中得希望
第六章 · 4　財務的困難
· 8　未來的方向

3 為著十字架和寶血感謝上帝

因為父喜歡叫一切的豐盛在他裏面居住。既然藉著他在十字架上所流的血成就了和平，便藉著他叫萬有——無論是地上的、天上的——都與自己和好了。（西一19～20）

主耶穌啊，祢對我的愛有多深？

我被罪玷污，不潔淨，不配與祢永遠同在，也不配得祢的憐憫和恩惠。我所應得的是陰間永遠的死刑，我無法解救我自己。

然而，主耶穌祢藉著獻上祢自己，作為純潔無瑕的祭物，表明祢的大愛(約十三1)。祢甘心忍受十字架，不顧它的羞辱，都是為了我(來十二2)。在祢的死亡裏，我與祢同死。感謝祢，我現在向著罪是死的，向著義是活的(羅六8～13)。因著與祢同釘十字架，我現在能為祢而活(加二20)。

祢用祢的寶血買贖了我，為我的罪付出贖價(徒二十28)。雖然我的罪如朱紅，現在已如雪白(賽一

18）。感謝祢，東離西有多遠，祢叫我的過犯，離我也有多遠（詩一〇三12）。因祢的寶血，我被稱為義，被救脫離祢的憤怒（羅五9）。祢為我的過犯受害，為我的罪孽壓傷，因祢受的刑罰我得平安，因祢受的鞭傷我得醫治（賽五十三5）。

因祢寶血的贖罪，我得了醫治，我與上帝恢復關係（西一19～20）。我的靈、魂、體都健壯（西二10）。謝謝祢，我現在可以藉著耶穌的寶血坦然無懼進入至聖所（來十19）。

在客西馬尼園的黑夜，祢把自己的意旨放下，為的是要拯救我（路二十二42）。祢可以逃過十字架的苦刑，祢可以在嘲弄式的審訊中為自己辯解，祢可以躲過鞭打，祢可避開荊棘的冠冕和背上血淋淋的鞭打，祢可以避免槍刺祢的肋旁，祢可從十架上走下來並毀滅人類；然而祢並不這樣做。被懸掛在十字架上，祢俯視這些逼迫祢的人類——祢祈求天父赦免他們。祢**為我**受苦和死亡，祢已顯明無比的大愛（約十五13）。當祢懸掛在那十字架上，我知道祢心中想到我，祢為我受苦、為我受死。

謝謝祢，耶穌，為了祢的十字架和寶血。祢拯救我脫離黑暗的權勢，把**我**遷到上帝愛子的國裏（西一13～14）。

參閱

第一章 · 3　珍惜上帝的愛
第二章 · 1　感謝上帝差派了耶穌
　　　 · 6　感謝上帝使我因著基督成為義
第四章全章　〈罪〉
第六章 · 3　夫妻之間的衝突
第八章 · 1　修補與父母緊張的關係
　　　 · 2　修補破損的友誼
第十章全章　〈生病與疾病〉

4 為著上帝的恩惠和憐憫感謝祂

所以，我們只管坦然無懼的來到施恩的寶座前，

為要得憐恤，蒙恩惠，作隨時的幫助。(來四16)

滿有憐憫和恩惠的上帝，我懷著謙卑感恩的心來到祢面前。我十分清楚我的心傾向於邪惡，我的罪性應受永遠的刑罰。

感謝祢沒有給我應受的刑罰。罪的工價就是死——永遠在陰間——然而因祢豐富的憐憫，在基督耶穌裏祢白白賞賜我永遠的生命(羅六23)，我不用擔心祢在旁窺伺，等候著要懲罰我每一個不好的念頭和錯誤的行為，因為祢的話語告訴我，「耶和華有恩惠，有憐憫，不輕易發怒，大有慈愛。耶和華善待萬民；他的慈悲覆庇他一切所造的。」(詩一四五8～9)

一次又一次，我試探祢愛的極限，每一次祢都顯明祢的愛是源源不息。由於祢的憐憫，我沒有被消滅，因為祢的愛**永不**止息，祢的愛每早晨都是新的，

每一天祢都呈現祢的愛憐，我的心禁不住要呼喊：「你的誠實極其廣大」(參哀三22～23)，「應當稱謝耶和華；因他本為善，他的慈愛永遠長存！」(代上十六34)

在祢拯救我之後祢可以停止祢的憐憫，然而祢沒有這樣做。雖然祢沒有欠我甚麼，祢仍然賜給我豐盛的恩惠。

感謝祢賜給我本不配受的。我真是白白的領受者，我感到安慰，因我深知我不能做甚麼以贏取祢更多的愛(羅十一5～6)，祢將它白白賜給萬民——義的或是不義的都一樣(彼前三18)。

因著祢的恩典，祢已經賜給我聖靈的恩賜，有能力奉耶穌的名工作。醫病、作先知、分辨力、知識的言語——全都是彰顯聖靈工作的恩賜(林前十二7～10)。我所作的任何善事，我給予的任何鼓勵説話，我生命中任何有價值的事，都是由於祢恩典在我身上的工作(林前十五10)。

祢又藉著一些微小的恩惠來肯定祢的慈愛。當我困擾時，祢賜我智慧；當我失意時，祢給我鼓勵；甚至在我軟弱時，我也得到剛強，因為祢的話應許我説：「我的恩典夠你用的，因為我的能力是在人的軟弱上顯得完全。」(林後十二9上)謝謝祢賜給我足夠的恩惠來勝過困難。

參閱

第一章·3	珍惜上帝的愛
·4	為著上帝的創造讚美祂
第二章·1	感謝上帝差派了耶穌
·3	為著十字架和寶血感謝上帝
·10	感謝上帝揀選我
第三章·4	因著聖靈的恩賜受感動
第四章全章	〈罪〉
第十章全章	〈生病和疾病〉

5 為著基督的復活感謝上帝

然而，叫耶穌從死裏復活者的靈若住在你們心裏，那叫基督耶穌從死裏復活的，也必藉著住在你們心裏的聖靈，使你們必死的身體又活過來。（羅八11）

哈利路亞！耶穌，祢永遠活著！

天父謝謝祢，因祢賜下祢的兒子耶穌，為我死在十字架上。如果祂的身體停留在墳墓裏，我的信心將成為徒然，我將比眾人更可憐（林前十五17～19）。我需要超越墳墓的盼望。

耶穌，當祢在第三日從墳墓中出來，祢為我打開通往永生的天堂大門。感謝祢，我深信當我承認祢是主，以及相信上帝讓祢從死裏復活，我即擁有永生（約壹五13；羅十9）。祢所賜的永生無人可以奪去（約十28）。

現在我因永生而大有喜樂，我的盼望不致落空，因為我擁有**活潑的**盼望（彼前一3）。因著聖靈，這復活的生命在我裏面工作。生病和患難不能勝過祢賜生命的大能。現在因耶穌的名，一切在天上的，地上的和地底下的，無不屈膝，無不口稱耶穌基督為主，使榮耀歸與父上帝（腓二10～11）。因為祢的復活，撒但的權勢不能勝過我！

死亡已被打垮（羅六9），祢已全然證明沒有任何權勢能勝過祢。主耶穌啊，祢是復活和生命（約十一25）。我不再害怕墳墓，因為死亡已被勝利吞滅。「死阿！你得勝的權勢在那裏？死阿！你的毒鈎在那裏？死的毒鈎就是罪，罪的權勢就是律法。感謝上帝，使我藉著我主耶穌基督得勝。」（林前十五55～57）主耶穌，祢手中掌握死亡與陰間的鑰匙（啟一18），有一日祢會將撒但和牠的部下投入火湖，並將鑰匙永遠拋掉（啟二十14～15）。

耶穌，祢得勝了！因在祢裏面的信心，撒但在我的腳下，我也得勝了（羅十六20）。祢來到世上摧毀魔鬼的作為，祢大獲全勝（約壹三8）。謝謝祢，因祢讓我分享祢得勝的福樂。

第一章 · 2　默想祂的全能和全在

· 7　敬拜基督，祂是偉大的「我是」

第二章·3　為著十字架和寶血感謝上帝
·7　感謝上帝差派了祂的靈
第四章全章　〈罪〉
第十章全章　〈生病和疾病〉
第十一章·10　基督第二次來臨

6 感謝上帝使我因著基督成為義

因為他預先所知道的人，就預先定下效法他兒子的模樣，使他兒子在許多弟兄中作長子。（羅八29）

天父上帝，我存著感恩的心，靠著耶穌的名，來到祢的面前。祢在基督裏，賜給我天上各樣屬靈的福氣，罪使我遠離了祢，然而祢接納我，使我得到兒子的名分（弗一3～6）。現在我坐在天上（弗二6），與耶穌基督同為後嗣，與祢一同治理（提後二12；羅八17）。祢的憐憫和深恩遠超過我所能理解。

祢不單讓我與祢一同坐在高處，祢還賜我兒子的名分。祢的話語告訴我，「上帝使那無罪的，替我們成為罪，好叫我們在他裏面成為神的義。」（林後五21）感謝祢將**祢的**義成為**我的**義，我如今在基督裏成為上帝的義！當祢看著我時，祢透過耶穌的血來看我，祢接納我如同我就是耶穌一樣，祢愛我如同祢愛耶穌。漸漸地，祢改變我，讓我愈來愈有耶穌的形狀，好使當我與祢面對面時，我會真的像祂（林後三18）。

因為耶穌的緣故，我被獻為祭（被分別為聖）、被稱為義（被宣告罪已得赦——林前六11）、被天父悅納（弗一6），得到在基督裏一切的豐盛（西二9～10）。祢甚至讓我在祢神性的性情上有分（彼後一4）。

我不再以我的所作所為來評估自己，我在祢裏面找到自我的價值，我是**祢**手中的傑作，是那偉大的建築師的創作，在基督耶穌裏造成，為要叫我行善的（弗二10）。因為我在基督裏，成為新造的人，舊事已過，看啊，都成為新的了（林後五17）。我的生命現在與基督一同藏在神裏面（西三3），祢已向我顯明，在基督耶穌裏，祢賜給我的恩惠慈愛是何等的豐盛。

天父上帝，謝謝祢稱我為屬祢所有的，愛我如同祢的獨生兒子，並賜我祢的身分。

參閱

第一章 · 3　珍惜上帝的愛

· 7　敬拜基督，祂是偉大的「我是」

第二章 · 1　感謝上帝差派了耶穌

· 3　為著十字架和寶血感謝上帝

· 5　為著基督的復活感謝上帝

·10　感謝上帝揀選我
第三章·1　謹守清潔
第六章·7　身體或語言的虐待
第八章·4　感覺被遺棄或被拒絕

7 感謝上帝差派了祂的靈

然而，叫耶穌從死裏復活者的靈若住在你們心裏，那叫基督耶穌從死裏復活的，也必藉著住在你們心裏的聖靈，使你們必死的身體又活過來。（羅八11）

主耶穌啊，當祢在世上工作時，祢甘心捨棄天上的尊榮（腓二5～8），倚靠聖靈成就神蹟式的工作（路四14）。在事奉的末了，聖靈用復活的大能，叫祢在第三日從墳墓裏復活過來。我和受造的萬物都因著祢勝過死亡和墳墓而歡呼！而同樣奇妙的，祢在五旬節也賜下同樣的能力給祢的跟隨者（羅八11），用聖靈充滿他們（徒二4）。現在我靠著同一位聖靈賦予的能力活出**祢的**生命。

謝謝祢將祢自己傾注在我身上！如果祢沒有離世歸父（約十六7），我就永遠不能享受沐浴在聖靈的河裏（結四十七1～12）。祢的聖靈讓我每天渴慕祢更多，因此我不得不在心中呼叫「阿爸！父」（加四6）！得悉我所領受的聖靈是我得基業的憑據，讓我更渴望將來與祢同享永生（弗一13～14）。我渴望與祢同在，討祢喜悅，更加像祢。

施恩惠的上帝啊，除非祢的聖靈宣告我有罪，我則不知道我的罪有多重（約十六8）？除非祢的聖靈將耶穌啟示我，我則不認識祢兒子犧牲的愛和永生的禮物（約十四26）？除非祢的聖靈賜我力量追求聖潔，我則不能以聖潔度日（羅八13）？除非聖靈保惠師在我身旁，我則不知如何領會祢的安慰（徒九31）？

當我煩惱纏身，不知道如何禱告，祢的聖靈為我代禱（羅八26）。當我心中困惑，祢的聖靈帶領我進入祢的真理（約十六13）。當我感覺乏力，祢的聖靈賜我力量，讓我作耶穌救恩福音好消息的見證人（徒一8）。因著祢的聖靈，我脫離罪和律法主義找到真自由（林後三17）。

我知道祢不喜歡我在老我裹裹足不前，但是祢應許要修正我，陶塑我成為祢的樣式（腓一6）。但願祢的聖靈**在我裏面**工作，孕育我有祢的性情（加五22～23）。但願聖靈**藉著**屬靈的恩賜在我裏面工作，使我能像耶穌一樣地生活和服事（林前十二4～11）。

祢的聖靈在我裏面的工作永不止息，我嘗過並要宣告主是美善的（詩三十四8）！

參閱

第一章 · 2　默想祂的全能和全在

· 5　因上帝的威嚴和聖潔的榮美而歡呼

· 8　用心靈和誠實來敬拜

第二章 · 5　為著基督的復活感謝上帝

第三章 · 2　在聖潔上成長

· 3　結出聖靈的果子

· 4　因著聖靈的恩賜受感動

第四章全章　〈罪〉

第十章全章　〈生病和疾病〉

第十一章 · 1　教會的復興

· 2　分享福音

· 7　彰顯神蹟和奇事

8 感謝上帝供應我的需要

那賜種給撒種的，賜糧給人吃的，必多多加給你們種地的種子，又增添你們仁義的果子；叫你們凡事富足，可以多多施捨，就藉著我們使感謝歸於上帝。（林後九10～11）

偉大全能的上帝啊，祢的話應許我，祢必照祢的豐富，在基督耶穌裏，使我一切所需用的都充足（腓四19）。我感謝祢**已**供應我的需要。

我最大的需要就是關乎我的罪債，我債務滿身無法償還給祢，而祢慷慨地替我付清（路七41～42）。謝謝祢使用最寶貴的犧牲羊羔——祢的兒子耶穌基督——供應我最大的需要（來十10），祢不計代價地拯救我。

祢在曠野供應以色列百姓嗎哪（出十六14～17）。當我面對我自己的曠野時，祢繼續供應我屬靈的嗎哪。祢慷慨地按照祢源源不絕的豐富供應我：給我食物使我不餓，給我衣服使我不冷，給我避難所使我不致被害。我對於將來無須害怕，因為在過去我曾經歷祢的信實，我知道祢用手牽著我。

我懷著感恩的心去感謝……

（現在用一些時間，藉著感謝來讚美上帝，為一切能感謝的來感謝祂，包括屬靈的祝福和光照，與上帝美好的關係，禱告蒙應允等等。）

各樣美善的恩賜，和各樣全備的賞賜，都是從上頭來的，從眾光之父那裏降下來的。在祂並沒有改變，也沒有轉動的影兒（雅一17）。我確信祢已供應我一切的需要。

今天我和眾天使、眾長老，以及四活物，圍繞著祢的寶座敬拜祢，並且呼喊著說：

阿們！頌讚、榮耀、智慧、
感謝、尊貴、權柄、大力
都歸與我們的上帝，
直到永永遠遠。阿們！

（啟七12）

第一章．7　敬拜基督，祂是偉大的「我是」
．10　以欣悅的心面對沮喪

第二章．3　為著十字架和寶血感謝上帝
第三章．10　知足的心
第四章．6　勝過貪婪、放縱和物質主義
．9　將自私的野心交託給上帝
第六章．4　財務的困難
第九章．6　蒙愛
第十章．9　當上帝沒有施予治療
第十一章．3　同情貧困和窮乏者

9 為著上帝的保護感謝祂

耶和華是我的避難所；
你已將至高者當你的居所，
禍患必不臨到你，
災害也不挨近你的帳棚。
因他要為你吩咐他的使者，
在你行的一切道路上保護你……
上帝說：因為他專心愛我，我就要搭救他；
因為他知道我的名，我要把他安置在高處。
他若求告我，我就應允他；
他在急難中，我要與他同在；
我要搭救他，使他尊貴。
我要使他足享長壽，
將我的救恩顯明給他。

（詩九十一9～11、14～16）

全能的上帝啊，祢是我的避難所和居所，所以我無須害怕邪惡臨到我，或疾病會臨近我。謝謝祢差遣天使保護我，支持我，保守我免於失腳。我知道因為祢與我同在，我可行走於連天使都不敢踏足之地。

當我在沮喪中，我知道我可以求告祢，祢會應允我。祢在我困苦中與我同行，保護我免於受害，用保護和解救之歌圍繞我。主耶和華啊，祢是我的藏身之處（詩三十二7）。我發現祢是我堅固的高台，是我安全的藏身之處（箴十八10）。

我依然相信沒有任何惡事會臨到我，除非得到祢的允許（約壹五18）。以往祢未曾丟棄我，我知道在未來祢也不會，因為祢的話語應許我，祢永遠不會離棄我或忘記我（來十三5）。沒有任何邪惡或傷害能從祢手中將我掠去，因為祢勝過任何危險（約壹十29）。

祢已經賜我上帝的全副武裝，當邪惡悄然來臨時，**我會站立得穩**！祢已經將聖靈的寶劍和信德的盾牌放在我手中，可以打敗邪惡的力量，滅盡撒但一切的火箭（弗六16），我永不孤單。當敵人如急流的洪水沖來，祢會築起高牆擋住它（賽五十九19）。

然而最重要的，我知道我不用害怕，因為祢對我有無比的大愛。連我的頭髮也都被祢數過了，祢愛護我遠超過掉在地上的麻雀（太十29～31），我為何需要害怕？

謝謝祢用祢的愛和祢的保護環繞我。

參閱

第一章·1　尊主為大
·2　默想祂的全能和全在
第二章·8　感謝上帝供應我的需要
第三章·9　建立信心和信任
第五章·2　憂慮中得平安
第七章·7　為了保護你的孩子
第九章·5　因公出差
第十章·6　防範生病和疾病

10 感謝上帝揀選我

主所愛的弟兄們哪，我們本該常為你們感謝上帝；因為他從起初揀選了你們，叫你們因信真道，又被聖靈感動，成為聖潔，能以得救。上帝藉我們所傳的福音召你們到這地步，好得著我們主耶穌基督的榮光。（帖後二13～14）

滿有恩惠的上帝啊，若沒有祢所應許的救恩，我將永遠在陰間受罰。然而，在立定世界的根基以前，祢已認識我並揀選我。就像滿心期望的父母，祢為我的人生所安排的，遠超過我所能想象(耶二十九11；弗三20～21)。除非祢的聖靈用溫柔的微聲帶領我靠近祢，我靠自己則永不會找到祢。當我不顧祢的催促，祢繼續催促我，因為祢堅定不移的愛比我逃避祢的力量更強大。像一個嬌弱剛出生的嬰孩，我並無任何善行能討祢喜悅；但祢卻把祢的愛慷慨地且無錯誤地傾倒在我身上。

祢的話語告訴我，我在於祢是何等地重要，「你們知道我們主耶穌基督的恩典：他本來富足，卻為你們成了貧窮，叫你們因他的貧窮，可以成為富足。」(林後八9)祢本是一個王子，卻甘心成為了一個貧窮者，好讓這貧窮者如王子般與祢在永恆裏同在。上帝啊，我感謝祢揀選我承受永生，並讓我在至高處與祢同坐(弗二6)。

因為祢已揀選我，我不用思慮我是否夠好，值得祢的愛。我知道我不夠好，但是我知道祢的恩典夠我用(林後十二9)，祢的愛永不匱乏。因為祢已揀選我，我是永遠屬祢的。

祢的話語顯明祢為我安排的計劃，以及我真實的身分：

> 惟有你們是被揀選的族類，是有君尊的祭司，是聖潔的國度，是屬上帝的子民，要叫你們宣揚那召你們出黑暗入奇妙光明者的美德。(彼前二9)

在我被揀選時，祢已命令我要聖潔無瑕疵(弗一4～6)，要結永存的果子(十五16)，作祢的同工一同建造天國(林後六1)。

祢認識我，祢塑造我，祢接納我，祢肯定我。祢藉著讓我參與祢的工作，賦予我人生的意義。我知道我是特別的，因為祢是特別的。**主啊，感謝祢揀選我**。

參閱

第一章·3　珍惜上帝的愛

·6　更渴慕耶穌

·7　敬拜基督，祂是偉大的「我是」

第二章·1　感謝上帝差派了耶穌

·3　為著十字架和寶血感謝上帝

·4　為著上帝的恩惠和憐憫感謝祂

第十一章·8　普世收成

第三章
更像主耶穌

移山的禱告必須是按照**上帝**的心意來禱告，正如耶穌在約翰福音十五章7節所說：「你們若常在我裏面，我的話也常在你們裏面，凡你們所願意的，祈求，就給你們成就。」住在上帝裏表示與祂交通，並且與上帝建立持續不斷的關係。它意味著先尋求上帝的心意，然後使它成為我們心中的渴望。藉此，我們的禱告與上帝的大能合而為一。

著名的中國教會領袖倪柝聲有一次這樣寫道：

> 教會禱告的職事是甚麼？是上帝告訴教會要去做甚麼，是教會在地上按上帝的要求而禱告。這個禱告不是祈求上帝成就我們所求的，而是祈求上帝成就祂要我們去完成的。[1]

上帝最希望的是要我們更像祂，塑造我們更像祂的兒子。我們把自己的意念交給祂作為開始。在我們禱告的時候，我們給上帝空間去潔淨我們生命中需要被潔淨的地方。祂渴望**在**我們裏面工作，然後**藉**我們工作。

詩人這樣寫道：「又要以耶和華為樂，他就將你心裏所求的賜給你。」(詩三十七4) 以耶和華為樂就是要享受祂，做討祂喜悅的事。如果模仿是討人喜悅最誠摯的方法，那麼尋求成為更像主耶穌就最能討天父的喜悅了。現代英文版聖經簡明地陳述這句經文：「做上帝要你做的，他就會賜給你心中所渴望的。」

當我們把自己的意念和行事陳明在上帝面前，愈發學效耶穌，上帝就賜給我們心中所渴望的——因為我們所渴望的已變得符合祂的心意。

註：

1. Watchman Nee, *The Prayer Ministry of the Church* (Anaheim, CA: Living Stream Ministry, 1995), p.17.

1 謹守清潔

誰能登耶和華的山？
誰能站在他的聖所？
就是手潔心清、不向虛妄、
起誓不懷詭詐的人。
他必蒙耶和華賜福，
又蒙救他的上帝使他成義。
這是尋求耶和華的族類，
是尋求你面的雅各。
眾城門哪，你們要抬起頭來！
永久的門戶，你們要被舉起！
那榮耀的王將要進來！

（詩二十四3～7）

耶穌啊，祢說只有清心的人能看見上帝(太五8)。主啊，我要能看見祢，我要見祢的面，並且我願意付任何代價來看見在榮耀尊貴中的祢。

保守我不受從世界而來、無法洗淨之罪的污染；

從我的心智開始，保守我靈裏聖潔，直到我全身。檢查我每一個走歪和錯謬的心思意念，直到我所有的心意被奪回，使它們都順服基督（林後十5）。

主啊，我需要祢的眼睛幫助我分辨那引誘、欺騙我的罪，這罪使祢掩面不看我（賽五十九2）。我需要祢的靈引導我的心去愛慕那些真實的、可敬的、公義的、清潔的、可愛的、有美名的、德行的，以及值得稱讚的事（腓四8）。最重要的，我需要祢的力量來禁戒各樣的惡事（帖前五22）。

藉著我對祢的認識，祢已用大能將一切關乎生命和虔敬的事賜給我（彼後一3～4）。我心所渴望的是藉著在生活上遵守祢的話語，保守我的生活聖潔（詩一一九9）。

我確知我仍在學習中，但願沒有任何事物可阻擋我追求更多認識祢、討祢喜悅、在祢的榮光中看見祢更多。

參閱

第一章 · 5　因上帝的威嚴和聖潔的榮美而歡呼
· 8　用心靈和誠實來敬拜
第二章 · 3　為著十字架和寶血感謝上帝
· 6　感謝上帝使我因著基督成為義

·7　感謝上帝差派了祂的靈
第三章·2　在聖潔上成長
·7　培養正直的人格
第四章·4　在性的錯謬中得釋放
·16　逃過試探

2 在聖潔上成長

有了我的命令又遵守的，這人就是愛我的；愛我的必蒙我父愛他，我也要愛他，並且要向他顯現。（約十四21）

祢的話語告訴我，除非聖潔，沒有人能見神（來十二14）。因為我要見祢面，我追求祢的聖潔。

聖潔的上帝，謝謝祢賦予我祢的公義和聖潔（林後五21）。因著祢的恩惠和憐憫，祢看我為聖潔的，縱使我和罪惡糾纏搏鬥。我感覺到祢按照我的本相呼召我。好像一隻蝴蝶破蛹而出，願我成為我本身已是的模樣。但願祢的聖靈在我身上完成祢的工作，讓我能顯出祢聖潔之美（詩九十六6）。

我常常向祢懇求把祢的旨意向我顯明，我卻常常忽略我已知**既是**祢的旨意。祢的旨意是要我成為聖潔（羅十二1～2）。

將渴慕的心放在我裏面，渴慕更多的祢和祢聖潔的性情，讓我不滿足於停留於目前的光景。鑑察我的心思意念，掃除我生活中所有隱密不為人知的污穢，讓我憎惡罪惡像祢憎惡它一樣，我要愛祢所愛的、恨祢所恨惡的。讓我的思想和行為一致，我要聖潔如同祢是聖潔一樣（彼前一15～16）。

引導我脫離那空洞的、只求生活規矩卻和祢沒有真正關係的律法主義。主啊，我不敢輕忽祢的聖潔，它是美麗無比的。祢的聖潔反映出祢的本性，正如我的聖潔反映了我的本性一樣。我不要有任何事物阻擋在祢我之間（賽五十九2）。

主耶穌啊，祢呼召我捨己，每天背起我的十字架，且來跟隨祢（路九23）。我甘願選擇背起我的十字架，捨棄我的私欲，如此我可以像使徒保羅一樣真誠地說：

> 我已經與基督同釘十字架，現在活著的不再是我，乃是基督在我裏面活著；並且我如今在肉身活著，是因信上帝的兒子而活；他是愛我，為我捨己。（加二20）

除卻祢的修整，我無法成為祢所喜悅的人，然而靠著祢聖靈的能力，我能藉基督加給我的力量，凡事都能作（腓四13）。我能成為聖潔，因為基督凡事都能作。主啊，為著祢聖工的緣故，將我分別為聖。

參閱

第一章．5　因上帝的威嚴和聖潔的榮美而歡呼

．6　更渴慕耶穌

．8　用心靈和誠實來敬拜

第二章．6　感謝上帝使我因著基督成為義

．7　感謝上帝差派了祂的靈

第三章．1　謹守清潔

．3　結出聖靈的果子

第四章全章　〈罪〉

第十一章．1　教會的復興

3 結出聖靈的果子

聖靈所結的果子，就是仁愛、喜樂、和平、忍耐、恩慈、良善、信實、溫柔、節制。這樣的事沒有律法禁止。（加五 22 ～ 23）

天父啊，因為我愛祢，我渴望更像祢。但願我們的關係開花結果，使我身上有祢神聖的性情。我知道我自己不能生出這樣的性情——太多時候我所有的努力都歸於空虛。所有的成果都是祢聖靈的工作，因此我向著祢滿有改變大能的聖靈，我敞開我的生命。

我知道祢的性情在我身上有多少，我的屬靈生命就有多成熟。我的心多麼渴望我與別人和祢的關係會討祢喜悅和榮耀祢。

請將祢自我犧牲的**仁愛**在我的生命中產生果效。我知道我對別人的愛乃因我對祢愛的緣故，因此請祢用愛充滿我，讓我認識祢愛的深度，藉著我去愛人……因為祢就是愛（約壹四8）。

當我遇見患難和困擾，祢的**喜樂**就是我的力量（尼八10）。讓我沉浸在祢的喜樂中，使我的脾性和行為不受環境變易而影響。

讓祢那出人意外的平安，在基督耶穌裏保守我的心懷意念（腓四7），使我在各種環境之下都曉得祢在掌控。願祢的**和平**流露在我的人際關係之中（來十二14）。

祢的話語讓我確信，祢並不是耽延祢所應許的，祢乃是**忍耐**——寬容——不願有一人沉淪，乃願人人都悔改（彼後三9）。請賜給我祢那永恆的眼光，我就不至於失望而放棄，或因自我的意思勉強神或勉強別人。

是祢的**恩慈**引領我悔改（羅二4）。很多時候，我卻沒有因祢不斷地施予我的慈愛而好好待人。但願我的行為能引領人走向慈愛滿滿的上帝（弗二6～7）。

因為祢是良善，我不必活在恐懼祢的日子之中。請將祢的**良善**傾注在我的身上，好讓我能以慷慨、真誠、無私待我身邊的人（弗五9）。

我縱然失信，祢仍是可信的，因為祢不能背乎自己（提後二13）。請將祢的忠實和可靠融入我心；這樣，當有人灰心喪志時，我可向他們顯示祢所施予我的**信實**。

藉著聖靈的工作，祢以完全的**溫柔**憐憫對待我。讓我穿戴祢的溫和，好使祢的聖靈可以使用我作祢愛的管道（西三12）。

看管我的思想、情感和行動，免得仇敵在我生命中找到立足點（彼前五8）。請賜給我祢的**節制**，正如我將自己交給祢來控制（彼後一5～7）。

我要將我肉體的情欲釘死在十字架上，請指示我如何行走和活在祢的聖靈中（加五24～25）。

參閱

第一章・8　用心靈和誠實來敬拜

第二章・7　感謝上帝差派了祂的靈

第三章・2　在聖潔上成長

・4　因著聖靈的恩賜受感動

第五章・2　憂慮中得平安

・5　驚慌中受控制

4 因著聖靈的恩賜受感動

你們要追求愛，也要切慕屬靈的恩賜。（林前十四1上）

主耶穌啊，當祢在世上服事時，祢藉著聖靈的能力觸摸人，顯明天國降在人間。祢叫瞎眼的得看見，叫死人復活，讓瘸子行走(路七22)。祢為人醫病，宣講天國的好消息，因為祢憐愛我們(太十四14)。作為祢天國裏的一位使者，我要延續祢留下來的事奉。

我要顯明祢的性情，我也要作祢的工作。我要結出聖靈的果子(加五22～23)，但我也要被聖靈的恩賜感動(林前十二)。這不是一個自私的禱告，因為祢的話語鼓勵我要「切慕屬靈的恩賜」(林前十四1)。主耶穌，我站在祢信實的應許上：

我實實在在的告訴你們，我所作的事，信我的人也要作，並且要作比這更大的事，因為我往父那裏去。（約十四12）

主耶穌啊，請讓我作祢聖靈的器皿和管道，讓祢的國度透過我治理大地。我不再滿足於坐在旁邊觀看祢滿有恩惠與能力地工作。我的心渴慕加入祢的工作，照祢的旨意，隨著聖靈在這世界上工作的洪流而奔走。我祈求能作祢更大的工作，在祢聖靈的恩賜裏服事，不是為我自己的福澤，而是為祢的榮耀。

全能的上帝，請加添我的信心，使我相信祢可以使用我，超過我過去一切的成敗。幫助我對祢信心穩固，使我即使是在成效不彰的時候，也有以上帝為基礎的信心去事奉。賜我謙卑的心，明白祢賞賜給我的屬靈恩賜，不是作為我屬靈成熟度的指標，而純粹是「恩典的禮物」，是祢按照己意分給人的（林前十二11）。請除去我身上任何攔阻我領受聖靈恩賜的事物。

我向祢打開我的生命，好讓祢賜我服事的恩賜：施捨（羅十二8）、幫助（林前十二28）、憐憫（羅十二6～8）和服事人（彼前四11）。

聖靈啊，請釋放我，讓我在祢的能力中事奉：醫病、信心和行神蹟（林前十二9～10）。

懇請啟示的靈賜我：辨別（林前十二10）、傳福音（弗四11）、安慰（羅十二8）、說方言和翻方言（林前十二10）、知識的言語（林前十二8）和智慧的言語（林前十二8）。

賜我影響和帶領的恩賜：管理(林前十二28)、作使徒和牧養的(弗四11)、領導和教導(羅十二7～8)。

最重要的，請賜我先知講道的恩賜，讓我可以分享祢賜生命的話語，餵養、鼓勵、安慰祢的百姓(林前十四1～3)。讓我定睛在天，站穩在愛的根基上，好讓我的事奉最終不會徒然(林前十三1～3)。

雖然祢從未想把所有的恩賜一次過地賜給我，我卻隨時準備好領受祢所賜的任何恩賜。請將各樣的恩惠多多地賜給我，好讓在任何時間、任何事上，我能以自己所有的，在各樣的善事上充足(林後九8)。

參閱

第一章·4　為著上帝的創造讚美祂

第二章·4　為著上帝的恩惠和憐憫感謝祂

·7　感謝上帝差派了祂的靈

第三章·3　結出聖靈的果子

·6　學習順服

·8　在上帝的旨意中與祂同行

第五章·8　害怕中得鼓勵

第十章全章　〈生病和疾病〉

第十一章·7　彰顯神蹟和奇事

5 孕育忍耐

我的弟兄們，你們落在百般試煉中，都要以為大喜樂；因為知道你們的信心經過試驗，就生忍耐。但忍耐也當成功，使你們成全、完備，毫無缺欠。（雅一2～4）

親愛的上帝啊，我現在多麼沮喪和困擾，我很想放棄……然而我卻沒甚麼可放棄。正如翻騰不已的風浪，我被預料不到的力量打得左搖右擺，逼迫我要屈膝下跪。在這絕望的時刻我的心呼喊：

除你以外，在天上我有誰呢？
除你以外，在地上我也沒有所愛慕的。
我的肉體和我的心腸衰殘；
但上帝是我心裏的力量，
又是我的福分，直到永遠。

（詩七十三25～26）

主耶和華啊，祢是我惟一的盼望，祢是我心中的力量，是我一生惟一所需要的。

當我想到祢在我心中種種的磨練，我知道祢要操練我堅忍的心。當周圍的人在壓力之下搖擺不定，祢要我堅定不移。在磨難的日子，祢要我成就了一切，還能站立得住（弗六13）。

因此，主耶和華啊，我落在百般試煉中都以為大喜樂，因為知道我的信心經過試驗，就生出忍耐。我等候那日祢的大功完成，而我成全完備，毫無缺欠（雅一2～4）。

耶穌，祢為我的信心創始成終（來十二2），請用祢大能的手保守我軟弱的信心。

不論狂風巨浪，我決心用雙手緊握著祢。祢的話語鼓勵我不要喪志，因為我若不灰心，時候到了**就要**收成（加六9）。

疲乏的，祢賜能力；軟弱的，祢加力量。祢就是把祢的力量與我的交換（賽四十29）！我極需要祢繼續給我力量，在我軟弱時更新我，使我從新得力如鷹展翅上騰，使我奔跑卻不困倦，行走卻不疲乏（賽四十31）。

我最大的安慰就是祢不會讓我忍受過於我所能承擔的（賽四十二3）。當我要承擔不住時，祢就為我打開一條出路（林前十13）。

因此我耐心等候祢神聖的干預，我信靠祢的良善和智慧，我深知祢要按照上帝的美意塑造我。

第一章．7　敬拜基督，祂是偉大的「我是」

．10　以欣悅的心面對沮喪

第二章．5　為著基督的復活感謝上帝

第三章．9　建立信心和信任

第四章．8　勝過懶惰

．16　逃過試探

第五章．3　失望中得希望

6 學習順服

人若說我認識他，卻不遵守他的誡命，便是說謊話的，真理也不在他心裏了。凡遵守主道的，愛上帝的心在他裏面實在是完全的。從此我們知道我們是在主裏面。人若說他住在主裏面，就該自己照主所行的去行。（約壹二4～6）

無止盡的叨絮和指摘別人，使我心力交瘁。我領悟到談論順服比實行順服容易——特別在講論到別人之時。主啊，教導我做一個行道者，不只是一個聽道者而已（雅一22）。

我承認照我自己的意思生活，比按照祢的話生活更舒適。但是祢的話語譴責我，如果我真的愛祢，就必遵守祢的命令（約十四21）。我渴望在愛心和順服上成長，我不希望一方面說認識祢，另一方面卻不遵守祢的話語，而成為一個說謊者（約壹二4）。

我常常硬著心，直到我被自己的自私所牽絆纏繞，我才會向祢呼求改變我的心態。祢替我死，救我脫離罪的捆綁，為何我還要返回那自私、被罪牽絆纏繞的生活？然而我知道，聽命勝於獻祭(撒上十五22)。祢看重順服過於悔改。

教導我如何行走在順服之中，陶塑我如泥在匠人的手中。在我的生命裏，除了我對祢的奉獻，沒有任何事是神聖的；我將祢的旨意放在我的喜好之上，將祢的律法刻在我裏面，寫在我的心版上，這樣我就能藉著祢我之間這關係作為引導，而不是一項一項的規條(耶三十一33)。

主耶和華啊，指示我「向老我而死」的真義，正如祢的兒子耶穌在被賣的那一夜這樣禱告：「不要成就我的意思，只要成就你的意思。」(路二十二42下)作為義的奴僕，我要以祢的旨意替代我的，我決心遵守祢的道路(羅六18)，我要依你的話來活，並且聽命於聖靈的指示(詩八十一11)。要**完全地**順服。部分的順服就是不順服。

我會順服祢，不是因為怕受刑罰，或是尋求報賞，只是因為我愛祢並且信任祢。我知道是祢在我身上動工，為使我渴望和成就祢的美意(腓二13)。謝謝祢賜我聖靈的能力使我跟隨到底。我現在決心順服。

參閱

第一章·5　因上帝的威嚴和聖潔的榮美而歡呼

·9　喜愛上帝的旨意

第二章·3　為著十字架和寶血感謝上帝

·7　感謝上帝差派了祂的靈

第三章·1　謹守清潔

·2　在聖潔上成長

·8　在上帝的旨意中與祂同行

·9　建立信心和信任

第四章·13　勝過自私的心

第十一章全章〈引進上帝的國度〉

7 培養正直的人格

又勸少年人要謹守。你自己凡事要顯出善行的榜樣；在教訓上要正直、端莊，言語純全，無可指責，叫那反對的人，既無處可說我們的不是，便自覺羞愧。（多二6～8）

公義的上帝啊，祢的話語宣告，人會説謊祢卻不會，人會改變心意祢卻不會。祢説的話**就照著**行，祢應許**就一定**成就（民二十三19）。不須質疑祢話語的真實，因為祢就是正直的標準。在我裏面培養**屬祢**神聖的性情，向我啟迪祢的誠實、真摯和信實，使我可以遵行祢的道路。

當我在詭譎的妥協中將要跌倒時，請祢警戒我。甚至當我在事奉祢時，請祢看守我的嘴唇，免得我在祢的聖工上自誇。禁止我説誇大的話，當我想説白色謊話時，叫我知罪。管制我，使我能是就説是，不是就説不是（太五37），讓我做祢真理的燈台。

今天我與我的眼睛、雙手、耳朵、口和思想立約，我不沾染罪惡（伯三十一1），我眼不看不潔之物。引領我遠避罪惡，賜我健壯的良心；警戒我，當我涉足會危害我品行的環境時，讓我看見自己的軟弱，賜我力量做當作的事。

讓我的生活無可指摘，以至我家人所認識的我，和我鄰居、同事並祢所認識的沒有分別，讓我在人前或在獨處時能完全一致。祢透視並鑑察人不能看見、真實的我。我祈禱願我的品行和正直能引人認識祢。

我渴望祢能像察看約伯一般察看我：「你曾用心察看我的僕人約伯沒有？地上再沒有人像他完全正直，敬畏上帝，遠離惡事。他仍然持守他的純正。」（參伯二3）當罪惡的風浪和毀壞臨到我時，我**仍要**向祢持守真實。

參閱

第一章·5　因上帝的威嚴和聖潔的榮美而歡呼

·8　用心靈和誠實來敬拜

第二章·3　為著十字架和寶血感謝上帝

·6　感謝上帝使我因著基督成為義

第三章·1　謹守清潔

·2　在聖潔上成長

第四章·14　從說謊和欺騙中得釋放

第五章·5　驚慌中受控制

第六章·4　財務的困難

第十一章·6　給予政府和官員明智的判斷力

8 在上帝的旨意中與祂同行

所以，你們禱告要這樣說：
我們在天上的父：
願人都尊你的名為聖。
願你的國降臨；
願你的旨意行在地上，
如同行在天上。

（太六9～10）

主耶穌啊，從祢開始在地上傳道之時，祢就定意要完成天父的旨意。祢不靠自己行事，當祢看見天父已經在工作時，祢才用大能醫治（約五19）。

祢教導我們這樣禱告父神，「願你的國降臨；願你的旨意行在地上，如同行在天上。」（太六10）

祢被出賣的那一夜，祢禱告說：「我父阿，倘若可行，求祢叫這杯離開我。然而，不要照我的意思，只要照你的意思。」（太二十六39）祢放棄自己想逃避十架的意念，為的是要實現天父更大的計劃，並且為我們的罪受死。

今天我放棄**自己**所渴望的，為了要實現天父更大的計劃。**天父啊，不要照我的意思，只要照祢的意思**。我放棄自己的意念並投入天父更大的工作裏。主耶穌啊，如同祢一樣，我自己不能做甚麼。請祢打開我的眼睛，讓我看見天父正在做甚麼，然後我可以順著祂的旨意來做。

天父上帝啊，謝謝祢賜我奇妙的工具，就是禱告。讓我的靈敏捷，使我在禱告中能夠祈求祢心深處的旨意。在約翰福音十五章7節，主耶穌說：「你們若常在我裏面，我的話也常在你們裏面，凡你們所願意的，祈求，就給你們成就。」我盼望能深切明白耶穌和祂的話語，以至我的禱告能符合耶穌和祢的旨意。將祢心中的旨意感動我，好叫凡我在地上所捆綁的，在天上也被捆綁，凡我在地上所釋放的，在天上也被釋放（太十八18）。

在祢天國降臨的事上，我盼望能扮演積極的角色。但願我的禱告和行動，能在驅使世上的國成為我主和基督的國的事上有點貢獻（啟十一15）！

第一章·9　　喜愛上帝的旨意

9 建立信心和信任

人非有信，就不能得上帝的喜悅；因為到上帝面前來的人必須信有上帝，且相信他賞賜那尋求他的人。（來十一6）

天父上帝啊，我衷心渴望討祢喜悅，在世界末了的時候聽到祢對我說：「好，你這又良善又忠心的僕人。」(太二十五21上)除非我因信而活，我知道我**不可能**討祢喜悅，因此我懷著謙卑的心來到祢面前請求祢：**請加添我的信心**。

讓我再確定祢的存在，讓我確信祢的存在超越我的感受和眼見(來十一1)。打開我屬靈的眼睛，讓我看見祢手中的奇妙，而不僅是在世界的事物上，也在我的生活細節上(太六25～32)。引導我遠離以自己為命運主宰的錯誤觀念，這樣我就不至於以為祢是遠在天邊觀看而已。最重要的，請提醒我，我的救恩是永恆地藏在耶穌基督裏，祂是我信心的創始成終者(來十二2)。

相信祢的存在，比信任祢的美善更為容易。主耶和華啊，我需要一個因信心得賞賜的異象，加添我信心，讓我確信祢能夠且願意關心我每天生活的事情。加添我力量，讓我可以恆切禱告，直到我達成信心的目標。請同時鑑察我的眼睛，使我不只在看獎賞，而是定睛於祢。

我深知我沒有能力凝聚即使像芥菜種那樣小的信心。我所有的信心皆來自祢，因為祢的話語說：「信道是從聽道來的，聽道是從基督的話來的。」(羅十17)聖靈啊，向我的心傳講那能創造信心的神的話語。打開我眼能看見祢話語中的奇妙；打開我耳能認出祢的聲音。在我懷疑時，請聽我迫切的呼求：「我信！但我信不足，求主幫助！」(可九24下)

引導我的眼看見那所不能看見的(林後五7)，加強我信心的盾牌，讓我的信心堅定不移，可以滅盡那惡者一切的火箭(弗六16)。啟示我當行的路，因為信心沒有行為是死的(雅二26)。

有人靠車，有人靠馬，但我靠祢，主耶和華(詩二十7)。謝謝祢，當我倚靠祢，堅心倚賴祢，祢必保守我十分平安(賽二十六3)。主耶和華啊，祢掌管萬有。

第一章·2　　默想祂的全能和全在

·9　　喜愛上帝的旨意

·10　以欣悅的心面對沮喪

第二章·5　　為著基督的復活感謝上帝

·7　　感謝上帝差派了祂的靈

·8　　感謝上帝供應我的需要

·9　　為著上帝的保護感謝祂

第三章·4　　因著聖靈的恩賜受感動

·5　　孕育忍耐

·10　知足的心

第五章·1　　不安中得安息

·8　　害怕中得鼓勵

·9　　在苦難中蒙救贖

第十章全章　〈生病和疾病〉

第十一章全章〈引進上帝的國度〉

10 知足的心

敬虔加上知足的心便是大利了。（提前六6）

創造天地的主啊，我不止息的追求自我滿足，只徒然加增我心中的空虛。我想用世上的事物來添滿我心中的空缺，卻徒然而永不能滿足它(傳二4～11)。祢是**全然**豐富的，我是**不足**的。耶穌，只有祢能滿足上帝在我心中所安置的空缺，祢用祢的美善使我心中的渴慕可以知足(詩一〇七9)。主啊，因為祢是我的牧者，我將永不缺乏(詩二十三1)。請教導我如何敬虔過日，心中知足(提前六6)。

我將我渴望要更多的私欲放在十字架下，因為知道真正重要的不在乎那短暫的，乃在於永恆之內(林後四18)。因此我將尋求自我的實現、快樂、財富、特權、財物、安全和休閒完全交託給祢。我也將我不知足的果子：抱怨、怨言和不感謝，都交託給祢。我不再選擇任何會讓我受壓制而離開祢的事物，當我遇見這些事物時，請祢用祢的愛和憐憫充滿我。

請向我顯示具有破壞性的惡習，這些惡習想要取代只有祢能賜予的同在和平安。保守我心中所渴慕的能合乎祢的心意，而不是被肉體的欲望所驅使。

因為我信靠祢，我知道祢能將一切的恩惠多多的加給我，使我凡事常充足，能多行各樣善事（林後九8）。我全然信靠祢的大能，我知道藉著那愛我們的主，凡事都有可能的（腓四13）。主耶穌啊，讓我定睛在祢國度的目標，並那來自認識祢而有的滿足上。

參閱

第一章・3　珍惜上帝的愛

・6　更渴慕耶穌

第二章・6　感謝上帝使我因著基督成為義

・8　感謝上帝供應我的需要

第三章・9　建立信心和信任

第四章・6　勝過貪婪、放縱和物質主義

・9　將自私的野心交託給上帝

第五章・2　憂慮中得平安

第九章・7　工作的目的

第十章・9　當上帝沒有施予治療

第四章
罪

當耶穌教導門徒如何禱告時，祂包含了這句話，「免我們的債，如同我們免了人的債。」(太六12) 當我們把自己的生命交給耶穌，聖經告訴我們，我們的罪已得赦免。「我們若認自己的罪，上帝是信實的，是公義的，必要赦免我們的罪，洗淨我們一切的不義。」(約壹一9) 雖然我們的罪已得赦免，與罪惡爭戰結束之日仍遙不可期。

即使在我們將生命奉獻去服事耶穌之後，罪惡仍然繼續影響我們與主同行。在以賽亞書五十九章2節，上帝對祂的立約之民以色列百姓說：「但你們的罪孽使你們與上帝隔絕；你們的罪惡使他掩面不聽你們。」在我們得救以前，我們的罪在我們與上帝之間造成大鴻溝，無法逾越，除非是藉著耶穌基督的寶血(弗一

7)。不過，即使在我們得救之後，罪仍然能使我們遠離上帝。我們可能一步一步走向天堂，可是我們失落了上帝對我們生命全然的期望。認罪是對靈魂有益的，這句格言顛扑不破。

在禱告中，在上帝面前認罪，就像在約會前先洗個澡一樣。你希望外表美觀，更希望身上帶有香味！另一方面，尚未承認的罪使我們對**自我**醒覺，就像我們滿身汗臭赴同一個約會，不但使我們尷尬，更讓我們想討好的人憎惡我們。我們在污穢中看見上帝的偉大和榮耀，使我們像先知以賽亞一樣地反應：

> 禍哉！我滅亡了！因為我是嘴唇不潔的人，又住在嘴唇不潔的民中，又因我眼見大君王──萬軍之耶和華。（賽六5）

我們曉得我們是被接納，但同時仍然是可憎惡的。

希伯來書的作者警告我們，除非聖潔沒有人能見主(來十二14)。很幸運地，我們可以脱去那些沾滿罪污穢的外衣，被上帝**潔淨**。在潔淨的過程中，我們被洗得像雪一樣白(賽一18)。在我們被潔淨之後，我們成為對**上帝**醒覺的人。我們有信心坦然無懼地來到寶座前(來四16)，我們與天父談心，如果我們留心聽，我們也會聽見上帝與我們談心。

這一章開始的時候包含了「救恩的禱告(罪人的禱告)」和「重新委身的禱告」這兩節，因為最攔阻我們與上帝面對面的，是我們尚未委身於祂的心。

1 救恩的禱告（罪人的禱告）

你若口裏認耶穌為主，心裏信上帝叫他從死裏復活，就必得救。（羅十9）

親愛的耶穌，我來到祢的面前，承認我是一個罪人(羅三23)，我永遠也不能靠做好事來救我脱離陰間永遠的刑罰(羅六23)，但我謝謝祢在十字架上替我死，為我的罪受刑罰(彼前三18)。

請赦免我按**自己的**意思而活。因著承認祢是主，我甘願並樂意將我一生交託給祢，我願將我的全人完全奉獻給祢，因此我可以得著祢白白賜下的永生(弗二8～9)。

祢從死裏復活，只一次就永遠證實了祢比天地間任何的力量更強大(羅八38～39)。

此刻，我揚棄以前在罪中的生活，在基督裏活著為新造的人(林後五17)。謝謝祢賜給我寶貴的永生。

參閱

2 重新委身的禱告

兒子說：「父親！我得罪了天，又得罪了你；從今以後，我不配稱為你的兒子。」父親卻吩咐僕人說：「把那上好的袍子快拿出來給他穿；把戒指戴在他指頭上；把鞋穿在他腳上；把那肥牛犢牽來宰了，我們可以吃喝快樂；因為我這個兒子是死而復活，失而又得的。」他們就快樂起來。（路十五21～24）

天父，我懷著感傷和謙卑的心來到祢面前。我已經飽享祢的美善，享受祢的同在，可是我仍然從祢的保護和關懷中偏離祢的道路。天父，我在祢眼前犯罪，得罪了天，我不配繼續稱為祢的兒子，我已嘗了罪的果子，它又苦又不能使我心滿足。

在這時刻，我惟獨倚靠祢的恩惠與憐憫，請赦免我並取回我對生命的自主權——那好像把祢看似不存在的生活。如果可以，我願做任何事來使祢重新接受我，然而祢的話告訴我，「上帝所要的祭就是憂

傷的靈；上帝阿，憂傷痛悔的心，你必不輕看。」(詩五十一17)

所以我懷著憂傷痛悔的靈來到祢面前，請潔淨我，更新我，再一次充滿我。除掉我的石心，賜給我肉心。將新生命吹進我疲乏的靈，使我跟隨祢，遵行祢的道路(結三十六26～27)。

祢可以放棄我，可是祢未曾這樣。謝謝祢仍然以信實對待我，即使是在我不信實的時候(提後二13)。正如浪子的父親，祢等候我，渴望我回家，當祢看到我時，祢奔跑向我。

祢不但沒有懲罰我，祢耗費資財來慶祝我的歸來：祢把袍子拿來給我穿，把戒指戴在我的指頭上，又把肥牛犢宰了(路十五22～23)。祢收留我的惟一原因是因為祢用永遠的愛愛我(耶三十一3)。謝謝祢，當我不以愛回報祢時，祢仍然愛我；當我想逃避聖靈的責備時，謝謝祢吸引我回到天父的懷中。

在悔改中，我丟棄我的舊行，改正我的方向，我再一次選擇跟隨祢。

我決志與愛祢的人建立關係，常與祢同在，參與教會，與我周圍的人分享救恩的好消息。

主啊，祢巴不得我或冷或熱，但永不可如溫水。請在我心中燃點祢的火焰，好讓我為祢而火熱(啟三15～16)，因此在我周圍的人可以看見祢同在的榮耀。

參閱

第一章·3　珍惜上帝的愛

·8　用心靈和誠實來敬拜

·10　以欣悅的心面對沮喪

第二章·3　為著十字架和寶血感謝上帝

·4　為著上帝的恩惠和憐憫感謝祂

第三章·8　在上帝的旨意中與祂同行

·9　建立信心和信任

第四章·8　勝過懶惰

第十一章·1　教會的復興

3 勝過驕傲

就是你們眾人也都要以謙卑束腰，彼此順服；因為上帝阻擋驕傲的人，賜恩給謙卑的人。所以，你們要自卑，服在上帝大能的手下，到了時候，他必叫你們升高。你們要將一切的憂慮卸給上帝，因為他顧念你們。（彼前五5～7）

從人類的起始，世人就與祢在榮耀和主權中爭奪。我也一樣，自以為聰明，卻常常陷入愚昧，將上帝不能朽壞的榮耀轉變為我自己會朽壞的形像（羅一22～23）。祢曾說：「除了我以外，你不可有別的神」（申五7），然而我卻向自己所製造的偶像，向這個「我」的肖像下拜。憑我自己的想象，我輕易就轉向敬拜受造之物而非造物主（羅一25）。

我狡詐的驕傲觸鬚深入我生活中的每一個角落，抓住每一個機會要使我遠離祢。統管萬有的主啊，赦免我看自己過於所當看的（羅十二3）。我知道我爭取自己的榮耀，嚴重地破壞了我們之間的關係，因為它竊取了屬於祢的榮耀。祢曾說，祢不允許任何人或事物分享祢的榮耀和稱讚（賽四十二8）。祢憎惡驕傲（箴六16～17下），因為這罪，撒但和牠的差役被逐離天堂（賽十四13～15）。

我遲疑不敢提及的，就是祢常從天上使驕傲的人降為卑。「驕傲在敗壞以先；狂心在跌倒之前。」（箴十六18）但在我尚未跌入這個陷阱以前，我謙卑地來到祢的面前。

請向我顯明我生命中暗昧不明的驕傲之處；當我自以為重要，將自己高抬超過別人和祢時，請祢提醒我；當我自以為不需要任何人和祢的幫助時，請祢責備我（代下七14）。請幫助我審慎地自我評斷，在我犯錯時能向別人認錯。

當我心中有隱僻之處，請鑑察我心，驅除我心中屬靈的驕傲。驕傲之可怕在於我能將驕傲隱藏在我的謙虛之中，並在我的外表呈現，但內心卻沒有改變。我所有的善工，所有的義，所有的慈善捐獻，如果帶給我榮耀而不是榮耀祢，只不過是一塊污穢的布（賽六十四6）。我惟一尋求的稱讚是來自祢的（約五44）！

祢抵擋驕傲，賜恩給謙卑的人（彼前五5）。我要成為一個領受祢恩惠的人，不願成為被祢抵擋的人，因此我在祢大能的手下謙卑，到了時候祢會將我高升。

請向我啟示祢眼中的我，這樣我才能看見我的本相——一個蒙恩得救的罪人。

我決心以謙卑為衣，請賜我力量可以有始有終。

參閱

第一章 · 1　尊主為大

· 2　默想祂的全能和全在

第二章 · 4　為著上帝的恩惠和憐憫感謝祂

· 10　感謝上帝揀選我

第三章 · 2　在聖潔上成長

第四章 · 9　將自私的野心交託給上帝

4 在性的錯謬中得釋放

至於淫亂並一切污穢，或是貪婪，在你們中間連提都不可，方合聖徒的體統。（弗五3）

「我所願意的善，我反不作；我所不願意的惡，我倒去作。」(羅七19) 天父上帝啊，我靠著耶穌的名來到祢面前，承認我與情欲之罪的掙扎。我想要行事規矩，可是我卻屢次落入具有毀滅性的舊習中。

請赦免我，當我應該尋找祢時，我卻從性的錯謬中尋找親密的關係。只有祢能填滿我生命中的空缺。當我走向錯誤的方向，我為我的罪惡負起所有的責任並且悔改。

請把我從罪惡而來的污穢潔淨，並掃除我過去的記憶。「上帝阿，求你為我造清潔的心，使我裏面重新有正直的靈。不要丟棄我，使我離開你的面；不要從我收回你的聖靈。求你使我仍得救恩之樂，賜我樂意的靈扶持我。」(詩五十一10～12) 請重新賜給我單純的心。

情欲、色情、淫亂、姦淫、同性戀，並其他錯謬情欲中不潔淨的靈，我奉耶穌的名有權柄勝過你們，並且捆綁你們。仇敵在我生命中不再有立足點，在牠的位置裏我顯明耶穌基督的同在。我斥責過去與性錯謬的糾葛，穿上上帝所創造的新人，有真理的仁義與聖潔（弗四24）。

我已經因主耶穌和聖靈的名，被洗滌、成聖、稱義（林前六9～11）。我穿上主耶穌基督，不給肉體有機會滿足它的欲望（羅十三14）。我的身體是聖靈的殿，我是用重價買回的，因此在我這屬於上帝的身體和靈裏要榮耀上帝（林前六19～20）。

我有基督的心（林前二16），並且將各樣的心意奪回，使它們都順服基督（林後十5）。因此我所尋求的是天上的事情，在那裏耶穌坐在上帝的右邊；我所思念的是天上的事，不是地上的事（西三1～2）。

我與眼睛立約，我不眷戀瞻望邪惡（伯三十一1；詩一〇一3）。主耶和華啊，賜我力量引導我雙眼離開罪惡，在靈裏警惕我隱蔽的試探，讓我憎惡各種錯謬的色情。最重要的，讓我時刻緊記要遠離罪惡。

讓我承擔蒙救贖之後的責任，給我力量永不走回罪惡之中。但願我的身、心、靈都榮耀祢。

參閱

第一章・5　因上帝的威嚴和聖潔的榮美而歡呼

・6　更渴慕耶穌

第二章・3　為著十字架和寶血感謝上帝

・5　為著基督的復活感謝上帝

第三章・1　謹守清潔

・2　在聖潔上成長

第四章・16　逃過試探

5 勝過講閒話和在背後批評人

污穢的言語一句不可出口，只要隨事說造就人的好話，叫聽見的人得益處。（弗四29）

真理的上帝啊，我來到祢面前承認，我犯了謀殺罪。雖然我沒有殺害人的身體，我卻用言語殺害人。我言語中的刀、槍很精準地謀殺了別人的品格。

祢的話語說，背後讒毀人的是出於邪惡的心，正如謀殺、恨神、作惡(羅一28～30)。它分裂基督的身體，對於非信徒，它破壞我的見證，使人遠離祢。

請祢赦免我，我讓苦毒、虛假從同一個用來頌讚祢的口裏出來(雅三10)。我很愚昧地被撒但擺布，牠是控告弟兄的。我對別人造成的傷痛，最終同樣地使祢傷痛。

我無法控制我的舌頭，它使我的信仰成為無用(雅一26)。更新我的信心，使我的行為符合我的信心，赦免我先側耳聽邪惡之語，而後背後讒謗人(箴十七4)。從今以後，我決心**不再**讓我的嘴犯罪(詩十七3)。

最糟的，當我在背後讒謗人時，也破壞了我和袮的關係。袮的話語說，只有心裏說實話，不以舌頭讒謗人的才能寄居在袮的帳幕(詩十五1～3)。主耶穌啊，用袮潔淨的火炭塗抹我的嘴唇，使我的罪被潔淨(賽六7)，我需要重新在袮眼前蒙恩。

使我不因「探得消息」而興奮，給我勇氣止住閒言，以我真實所知的話語去回應別人。使我不藉著話語使別人降卑，而使我升高。讓我傳遞**好的**消息，而不是說**壞的**說話。引導我多講真實的、可敬的、公義的、清潔的、可愛的、有美名的、有德行的、值得稱讚的話語(腓四8)，不再喜歡不義，只喜歡真理(林前十三6)。

在一切之上，讓我適時講出恩惠的話(西四6)，使我的言語成為生命樹，而不是死亡的工具(箴十五4)。用袮的愛充滿我，使我能自然地說出教誨和造就我周圍的人的說話。讓我這個從前愛說閒言的人，成為袮大愛和憐憫的代言人。

參閱

第一章 · 8　　用心靈和誠實來敬拜
第二章 · 2　　感謝上帝賜下祂的話語
　　　 · 6　　感謝上帝使我因著基督成為義

第三章 · 2　在聖潔上成長

· 3　結出聖靈的果子

第八章 · 2　修補破損的友誼

第十一章 · 2　分享福音

6 勝過貪婪、放縱和物質主義

不要愛世界和世界上的事。人若愛世界，愛父的心就不在他裏面了。因為凡世界上的事，就像肉體的情慾，眼目的情慾，並今生的驕傲，都不是從父來的，乃是從世界來的。這世界和其上的情慾都要過去，惟獨遵行上帝旨意的，是永遠常存。

（約壹二15～17）

無論我走到哪裏，我總被大眾傳播媒介疲勞轟炸，它們都是要挑逗我肉體的情欲。在這個崇尚物質主義和獲利至上的社會，主耶和華啊，我需要並必須要與眾不同。主啊，赦免我讓這個世界陶鑄我。我不想被世界同化，請祢讓我心意更新而變化，叫我察驗何為祢的善良、純全、可喜悅的旨意(羅十二2)。

我不要像那粒撒在荊棘裏的種子，就是人聽了道，後來有世上的思慮，錢財的迷惑，和別樣的私欲，進來把它擠住了。我貪愛世界的事物，會讓我不能結果(可四18～19)。請引導我的眼睛專注在天上。

祢在聖經裏清楚警告我們，祢的百姓不可以有**少許**貪婪，因為這不合乎祢的聖民（弗五3）。肉體的情欲、眼目的情欲、今生的驕傲，都不是從祢來的，而是從世界來的。我對它們的愛，只顯明祢的愛不在我裏面。耶穌啊，潔淨我肉體的私欲，更新我對祢起初的愛。

奉耶穌的名，我不要為自己積儹財寶在地上，只要積儹財寶在天上，因為我的財寶在那裏，我的心也在那裏（太六19～21）。主耶穌，**祢是我的至寶**。當我有了祢，我就有了所有好東西（詩三十四10）。

救我脱離貪心、沉溺、物質主義和貪婪。這些永遠不能像祢一樣能滿足我心。但是我要先尋求祢的國和祢的義，也知道其餘的——吃甚麼、喝甚麼、穿甚麼——祢都會加添給我（太六33）。我要尋求的不是祢**能**給我甚麼，而是祢**已經**給我的：藉著耶穌基督得到的赦罪和永生。

請打開我的眼睛，我就順著聖靈而行，就不放縱肉體的情欲了（加五16）。

讓我心裏不羨慕這個世界，卻渴望一個更美的家鄉（來十一16）。主耶穌，我渴望與祢面對面的那一天。

我將我的生命獻給祢作為活祭（羅十二1）。我最渴望的是認識祢，不只是認識祢復活的大能，也曉得和祢一同受苦，效法祢的死（腓三10）。鑑察我，看在我裏面有否隱藏的動機，尋求利用祢以利己，教導我甚麼是真正的滿足（提前六6）。

然而我知道擁有財富和物質並不是罪惡。當我尋求財富過於尋求祢，請祢警戒我。將慷慨的心志充滿我，使我成為傳達祢福氣的管道。請將樂於施捨的心賜給我，因為祢喜愛滿懷喜樂的施予者（林後九7）。

主耶和華啊，謝謝祢毫無保留地讓祢的兒子耶穌為我死在十字架上，我也將自己毫無保留地奉獻給祢。

參閱

第一章 · 6　更渴慕耶穌
· 7　敬拜基督，祂是偉大的「我是」
第二章 · 4　為著上帝的恩惠和憐憫感謝祂
· 8　感謝上帝供應我的需要
第三章 · 9　建立信心和信任
· 10　知足的心
第四章 · 3　勝過驕傲
· 7　勝過虛榮和妒忌
· 9　將自私的野心交託給上帝
· 13　勝過自私的心
第六章 · 4　財務的困難
第十一章 · 3　同情貧困和窮乏者

7 勝過虛榮和妒忌

我見惡人和狂傲人享平安就心懷不平……

我思索怎能明白這事，

眼看實係為難，

等我進了上帝的聖所，

思想他們的結局。

（詩七十三3、16～17）

全能的上帝啊，諸天和地一切所有的都屬於祢（詩二十四1），然而我卻自以為擁有特權，常常將它們當作是我的。我過度喜愛不屬於我的事物，我成為嫉妒別人的犧牲品；我過度擔心會失去某些事物，我向妒忌屈服。

請赦免我，因為我容許我的私欲驅使我向人、事物、權力、控制等種種偶像下跪。

祢的話語對我說：「在何處有嫉妒、分爭，就在何處有擾亂和各樣的壞事。」（雅三16）在我生命中的嫉妒打開了擾亂和各樣壞事的門。我極渴望能關上可能成為撒但立足點、影響我生命的罪惡權勢之門。請潔淨我，並將我的嫉妒取代為對祢更多的渴慕。「心中安靜是肉體的生命；嫉妒是骨中的朽爛。」（箴十四30）請用祢的平安圍繞我，使我無論處豐富或處貧窮都能信靠祢。請用祢的愛充滿我，並且知道從天上來的愛是不嫉妒（林前十三4）。

祢的話語宣告，嫉妒是出於肉體的工作，行這樣事的人，必不能承受上帝的國（加五19～21）。主耶穌啊，除去我愛慕世上虛華的心，用愛慕祢來代替（箴二十三17）。當我把祢貶抑在次等的位置時，請責備我；請在我內心創造渴慕的靈，引燃我愛慕祢的火。提醒我，當我有了祢，我一無所懼，因為我無物可損失。

今天我宣告，我穿上主耶穌基督，不為肉體安排而去放縱私欲（羅十三13～14）。

當我按照自己屬世的期望來生活，我很容易陷入物質的困擾。請引導我進入祢的聖所和賜予生命的同在，這樣，我就可以按照祢所期望的來生活（詩七十三17）。

參閱

第一章 · 6　　更渴慕耶穌

· 7　　敬拜基督，祂是偉大的「我是」

第二章・4　為著上帝的恩惠和憐憫感謝祂
・8　感謝上帝供應我的需要
第三章・9　建立信心和信任
・10　知足的心
第四章・6　勝過貪婪、放縱和物質主義
・9　將自私的野心交託給上帝
・13　勝過自私的心

8 勝過懶惰

我們願你們各人都顯出這樣的殷勤，使你們有滿足的指望，一直到底。並且不懈怠，總要效法那些憑信心和忍耐承受應許的人。（來六11～12）

在現今的世代，人們熱中於不勞而獲。然而主耶和華啊，祢的話語鼓勵我，「無論作甚麼，都要從心裏作，像是給主作的，不是給人作的，因你們知道從主那裏必得著基業為賞賜；你們所事奉的乃是主基督。」（西三23～24）

主耶穌啊，因為凡我所作的都是要奉獻給祢，我要全心全意投入我所從事的每一項工作，我惟獨要討祢的喜悅。

我自我沉溺且沒有目標，請赦免我。我為自己的懶散不振作而後悔，我也要揚棄攔阻我完成祢旨意的消沉和怠惰。

「義人的腳步被耶和華立定。」（詩三十七23上）請啟示我祢要帶領我往何處去，並給我夠用的力量完成它。藉著殷勤不懈怠，我效法那些憑信心和忍耐承受應許的人（來六12）。

但願我所擔負的責任能注入我生活的每一部分：我的工作、我的家庭、我的朋友，最重要的就是我與祢的關係。祝福我雙手結出的果子，使我對工作和對祢的熱愛可以向周圍的人見證，祢所創造的迴然不同。

參閱

第一章·2　默想祂的全能和全在

·9　喜愛上帝的旨意

第二章·1　感謝上帝差派了耶穌

·5　為著基督的復活感謝上帝

第三章·5　孕育忍耐

·10　知足的心

第五章·3　失望中得希望

第六章·6　太過於忙碌

·8　未來的方向

第十一章·9　差遣工人進入禾場

9 將自私的野心交託給上帝

凡事不可結黨，不可貪圖虛浮的榮耀；只要存心謙卑，各人看別人比自己強。（腓二3）

主耶穌啊，祢說過，「我若從地上被舉起來，就要吸引萬人來歸我。」(約十二32)我懷著憂傷痛悔的靈向祢懺悔，我不但沒有將人帶到祢面前，反而將他們帶到我自己面前。請赦免我因為私心而追尋權力、控制、和別人的尊敬。

我曾尋求從祢手中奪取我的未來，而不信任祢對我人生的關懷。請再一次教導我甚麼是行走在信心和信靠之中，因為離了它們我就不能得祢的喜悦(來十一6)。我在祢大能的雙手下謙卑下來，我相信到了時候祢會使我高升。我將我的未來全交託給祢，因為知道祢關心我(彼前五6～7)。

我尋求權力和控制力藉以去支配別人，請赦免我。我承認在這過程中，我犧牲了我的正直。當我無意中又墮入自私的野心時，請警惕我的良心。請將我尖刻的言語改變為誠懇的話語，鼓勵並稱讚在我周圍的人。

我尋求別人的稱讚，看重人對我的評價過於祢的。從今天起，我要先尋求祢的稱讚(約五44)，先尋求祢的國和祢的義(太六33)。

在祢眼中，自私的野心與姦淫、邪術、異端等同樣嚴重，行這樣事的人，必不能承受上帝的國(加五19～21)。因著走在自私的野心裏，我的心充滿了擾亂和各樣的壞事(雅三16)。

因此，我放棄我以前的行為，披戴主耶穌基督，不為肉體安排，去放縱私欲(羅十三14)。用羔羊的血洗滌我，使我潔淨，成為完全(啟七14)。

使我重得正直的心，先在祢眼前，然後在我周圍的人眼前。但願祢的名在我的生活中被高舉，因此吸引萬民來歸向祢。

參閱

第一章・8　用心靈和誠實來敬拜
第二章・1　感謝上帝差派了耶穌
・10　感謝上帝揀選我
第三章・3　結出聖靈的果子
・7　培養正直的人格

·8　在上帝的旨意中與祂同行
第四章·3　勝過驕傲
·6　勝過貪婪、放縱和物質主義
·7　勝過虛榮和妒忌
·13　勝過自私的心
第五章·4　困惑中有次序
第九章全章　〈工作和事業〉

10 勝過酗酒和吸毒

不要醉酒，酒能使人放蕩；乃要被聖靈充滿。（弗五18）

主耶和華啊，我在絕望中來到祢面前。我因缺乏自律幾乎一敗塗地，我求祢救我。

我承認我一直沉溺於罪，我承認只有祢能幫助我勝過它。請赦免我沉溺於邪術，以及追求超自然的經驗，因此遠離了祢。請用祢真道的水潔淨我（弗五26）。

我很缺乏自治力，因此我將自主權交給祢，讓我勇敢地面對我所沉迷的惡習，並且讓我掙脫所有的鎖鏈。

邪術和沉溺的靈啊，我奉耶穌的靈捆綁你們。我屬於主耶穌，你們在我身上不再有任何權柄。我放棄所有的權力，並且宣告將權力完全交給祢，藉著耶穌基督的大能，從今以後我禁絕我的酒癮（或／以及毒品）的惡習。耶穌已在十字架上為我付出罪的代價，用重價買回我，因此我不須再在罪惡裏行走(加一4)。因為在基督裏，我是一個新造的人，舊事已過，看啊，都成為新的了(林後五17)。

我所遇見的試探，無非是人所能受的，神是信實的，必不叫我受試探過於所能受的。在受試探的時候，總要給我開一條出路，叫我能忍受得住(林前十13)。靠著耶穌基督的恩惠以及聖靈的大能，我可以勝過試探。主啊，賜我明亮的眼睛從遠處認出試探，因此我可逃離**它**，而奔向**祢**。

「耶和華的名是堅固臺；義人奔入便得安穩。」(箴十八10)主耶穌啊，我藏身在祢名下，找到平安，不懼怕危險和邪惡，保護我免受攻擊。但願祢的能力，在我的軟弱上顯得完全(林後十二9)。

請醫治我的傷痛，我從前藉著酒精(或／以及毒品)麻醉它。當我哭泣時，祢與我同哭；當我被拒絕時，祢接納我。請把祢愛和接納的深恩顯示給我，並且填滿我心長久以來的空缺。

耶穌，謝謝祢，我不用擔心祢的懲罰(羅八1)，因為祢是罪人的朋友。我知道祢會用恩典和慈愛照顧我(路七34)。帶領我進入祢賜予生命的同在，使我更加渴慕祢，並且用祢聖靈的新酒充滿我。

謝謝祢從未放棄我，因為祢替我死，我要為祢而活。

參閱

第一章 · 6　更渴慕耶穌

· 7　敬拜基督，祂是偉大的「我是」

第二章 · 3　為著十字架和寶血感謝上帝

· 4　為著上帝的恩惠和憐憫感謝祂

第三章 · 5　孕育忍耐

第四章 · 1　救恩的禱告（罪人的禱告）

· 2　重新委身的禱告

· 16　逃過試探

第十章 · 5　情緒的治療

11 將苦毒和怨恨拋諸背後

並要以恩慈相待，存憐憫的心，彼此饒恕，正如上帝在基督裏饒恕了你們一樣。（弗四32）

主耶穌啊，祢說過我們在世上有苦難(約十六33)，祢未曾應許我們可以逃離困難和不公義。

我向祢承認，不公義的事臨到我，至今使我靈的深處仍然傷痛。怨恨的心在我裏面好像癌症慢慢地啃蝕我屬靈的活力。

請祢赦免我懷恨，我不肯饒恕，貶抑了祢因赦免我罪而為我付出的代價。我知道因著我的不肯饒恕，破壞了我跟祢的關係，並那些傷害我的人的關係(太六14～15)。主啊，我不要像那一個被免了巨債的僕人，一轉眼就不肯赦免欠他少量債務的人(太十八21～35)。

世界上最不公義的事，就是祢被誣陷而被釘在十字架上，我可能被冤枉過，但祢承受的是比海更深的冤屈。祢在十字架上大聲說：「父阿！赦免他們；因為他們所作的，他們不曉得。」(路二十三34)請將這樣的愛心注入我心，使我可以赦免冒犯我的人。

因此，在今天我赦免那些得罪我的人，赦免我的罪如同我赦免別人的罪（太六12），讓我只剩下的債是愛的債務，甚至是對那些傷害我的人（羅十三8）。

將我從怨恨和苦毒中釋放出來，我不要有任何事物攔阻在祢我中間，挪去任何苦毒的惡根，用聖靈的安慰醫治我內心深處的傷痕。我要從內心更改對我行惡者的態度，因此我可以**從內心深處**赦免他們（太十八35）。請祢讓我不去回想過去所受的不公平待遇，賜我智慧分辨，以避免將來莫須有的傷害。

當怨恨和苦毒湧現於我心時，啟示我祢仍然愛那傷害我的人，如同祢愛我一樣。當我得罪祢，犯罪干犯祢時，提醒我祢仍然愛我、接納我，擁我入祢懷中。

因此，我將以往抵擋我的人置諸背後，將祢的愛穿在我身上（西三12～14）。

參閱

第一章・6　更渴慕耶穌
・10　以欣悅的心面對沮喪
第二章・3　為著十字架和寶血感謝上帝
・4　為著上帝的恩惠和憐憫感謝祂
第三章・2　在聖潔上成長

·3　結出聖靈的果子
第四章·12　勝過憎恨
第五章·6　盛怒中得享平靜
第八章全章　〈人際關係〉
第十章·5　情緒的治療
第十一章·4　在基督的身體裏合一

12 勝過憎恨

人若說「我愛上帝」，卻恨他的弟兄，就是說謊話的；不愛他所看見的弟兄，就不能愛沒有看見的上帝。愛上帝的，也當愛弟兄，這是我們從上帝所受的命令。（約壹四 20～21）

親愛的父上帝，我是雙手不潔的人。我惡毒的言語和毀滅性的思想使我犯謀殺罪，怨恨和苦毒在我生命中翻騰，使我不能平靜。我一方面說奉獻於祢，一方面憎恨我的鄰居，這使我的信仰成為諷刺，因此我來到祢的面前尋求祢神聖的幫助。

祢的話語清楚說：「凡恨他弟兄的，就是殺人的；你們曉得凡殺人的，沒有永生存在他裏面。」(約壹三 15) 我知道憎恨傷害我的人，使我遭受永恆性的毀壞。我冷靜而謙卑地請求祢的赦免，因我容許憎恨轄制我，只有藉著祢赦罪的寶血，我才能與祢建立正常的關係。

由於敵意和憎恨，我把自主權交給了我**誤以為是**仇敵的人和那**真正的**仇敵。我奉耶穌的名，懺悔我的大罪，自今以後，我將生命的自主權交在祢的手中。

當我不承認心中埋藏憎恨，卻在我行動中表現出來，且證實它是存在的時候，請喚醒我。

耶穌啊，我把報復的心交託給祢，因為祢的話說：「伸冤在我，我必報應。」(羅十二19)我心口如一地祈求祢，祝福那些傷害我、惡待我和尋求毀滅我的人。藉著我的告白，我把炭火堆在他們的頭上，他們會在聖靈的定罪責備中悔改而重回主懷。

我自己不可能愛這個人，我需要祢**聖潔無私的**愛。請將祢的愛充滿我，這愛是為我的弟兄或姊妹，請賜我謙卑的心和勇氣主動與他們和好。但願我們從仇恨轉為相愛的見證，可以讓世人知道祢那全融化、全赦免的愛(來十二14～15)。

參閱

第一章・3　珍惜上帝的愛

・10　以欣悅的心面對沮喪

第二章・3　為著十字架和寶血感謝上帝

・4　為著上帝的恩惠和憐憫感謝祂

第三章・3　結出聖靈的果子

第四章・11　將苦毒和怨恨拋諸背後

第五章・6　盛怒中得享平靜

第六章 · 3　　夫妻之間的衝突
第八章全章　〈人際關係〉
第十章 · 5　　情緒的治療
第十一章 · 4　在基督的身體裏合一

13 勝過自私的心

在何處有嫉妒、分爭，就在何處有擾亂和各樣的壞事。（雅三16）

憐憫的上帝啊，無論我往何處去，我總遇見一批自我意識日強的人，在這世界上以肉體的私欲來追求自我滿足。然而祢的話語告訴我：

你要盡心、盡性、盡意愛主——你的上帝。這是誡命中的第一，且是最大的。其次也相倣，就是要愛人如己。（太二十二37～39）

我知道祢渴望我完整的愛，而我對別人的愛證實了我對祢的愛。一部分的我要為祢而活，然而另外一部分的我，卻要為自己而活。誰可以救我脱離這個鎖鏈？「誰能救我脱離這取死的身體呢？」（羅七24）

主耶穌，只有祢可以拯救我。我把自己的享樂放在祢以先，在我的自私裏找不到祢的愛，因為愛不尋求自己的好處(林前十三5)。請赦免我活在自私裏，請潔淨我，洗察我如潔白的雪，以公義為袍給我披上(賽六十一10)。

我肉體之中的欲望永不止饜，並且無可救藥，因此我請祢用大能剷平它。「凡屬基督耶穌的人，是已經把肉體連肉體的邪情私慾同釘在十字架上了。」(加五24)祢在十架上救我脱離罪和自私的刑罰，請消除我肉體的私欲，讓我惟獨渴慕祢的旨意。

請向我顯示那些在我生命中，隱藏在公義的面具之下的私欲；當我想利用祢達成自己的私欲時，請祢責備我。救我脱離那向著自我死亡的浪漫想法。不只是口舌談論而已，且賜我恩典將它活出來。我將自我的戀慕呈獻在祭壇上，因此祢能將祢的生命賜給我。請將我逐離安逸的享受，與聖靈在歡樂中行走(加五16)。

因著我對祢永不止息的愛，在我自私的地方，用愛心來填滿它。將我的自私轉變為僕人的心志(林前九19)，賜我真誠的心志尋求別人的好處(林前十24)。

最重要的，讓我的心專注在祢的旨意上。但願**祢的**國降臨、**祢的**旨意行在我生命中，如同行在天上(太六10)。

參閱

第一章 · 6　更渴慕耶穌
　　　 · 7　敬拜基督，祂是偉大的「我是」
第二章 · 1　感謝上帝差派了耶穌
　　　 · 3　為著十字架和寶血感謝上帝
第三章 · 8　在上帝的旨意中與祂同行
第四章 · 3　勝過驕傲
　　　 · 6　勝過貪婪、放縱和物質主義
　　　 · 9　將自私的野心交託給上帝
第六章 · 3　夫妻之間的衝突
第十一章全章〈引進上帝的國度〉

14 從說謊和欺騙中得釋放

不要彼此說謊；因你們已經脫去舊人和舊人的行為，穿上了新人。這新人在知識上漸漸更新，正如造他主的形像。（西三9～10）

主耶和華啊，我所編織的謊言之網終於將我自己纏住了，我陷入罪的泥濘，我自嘗惡果。我的話語中攙入謊言，祢的真理和我的正直在我的說話中被打了折扣。

請祢赦免我容許謊話、誇大、不誠實和欺騙進入我的生命中。它們在祢的國度和眼中沒有地位，它們是全然可憎的(箴六16)。我明白，不論我向誰說謊，我惟獨得罪了祢(徒五3)。請赦免我經常將謊言合理化且持續不停。我犯這個罪，使真理和正直受了虧損，我很愚昧地成為謊言之父的出口。

撒但就是說謊者，謊言是牠的母語(約八44)。因此我奉耶穌的名斥責牠，牠的謊言在我生命中沒有地位。

欺騙和説謊的靈（提前四1），我禁止你們再對我有任何的影響。我棄絕先前和你們的糾葛和關聯，將自己放在耶穌基督沾滿了血的十架之下。我掙脱曾影響我的欺騙和説謊之靈，我奉耶穌的名抵擋牠們，「叫一切在天上的、地上的，和地底下的，因耶穌的名無不屈膝，無不口稱『耶穌基督為主』，使榮耀歸與父上帝。」（腓二10～11）我用我的口稱耶穌基督為主。

「我的生命尚在我裏面；上帝所賜呼吸之氣仍在我的鼻孔內。我的嘴決不説非義之言；我的舌也不説詭詐之語。」（伯二十七3）

主耶和華啊，我知道我的欺騙和謊言摧毀與祢以及其他人的關係。請用祢神聖的火熔煉我的性格，讓我可以再一次得到祢的信任。請啟示我應該向誰彌補我的過錯，也請賜給我勇氣承認我的罪過。

除去我可以混淆真理與虛假的幻想，復興我愛真理的心（帖後二10）。讓我是就説是，不是就説不是（太五37）。聖靈啊，即使是些許的虛假也請禁止我，釋放我免於無意中的欺騙。我祈求聖靈帶領我，就不放縱肉體的情欲了（加五16）。

喚醒我沉睡的良心，因此我可以活在正直中，享受祢賜生命同在的喜樂（詩十五1～2）。主耶穌啊，我的心渴望按照祢的真理而行（詩八十六11）。

參閱

15 勝過背叛的心

我們都如羊走迷；

各人偏行己路；

耶和華使我們眾人的罪孽都歸在他身上。

（賽五十三6）

主耶穌啊，雖然我宣稱是一個跟隨祢的門徒，我卻自我迷失了，想要掌控自己的命運。我的迷失使我的心對祢更加剛硬。我尋找自己的道路，惹動祢的憤怒（申九7），並且迷失了道路。自以為聰明，我反成了愚拙（羅一22）。

我為我悖逆的罪後悔，我的心情悲痛，我承認我的悖逆就像行邪術一樣，因為我篡奪了祢的權柄（撒上十五23）。違逆祢所有其他的權柄，我成為我自己的律法，我知道我拒絕順從那些祢為我設立的掌權者，就等於干犯祢一樣（民十六1～11）。在悖逆中，我使聖靈傷心，並成為一個愚昧的仇敵，抵擋我曾經宣稱要效忠的對象：祢（賽六十三10）。

請赦免我的驕傲、自大和自以為是。救我脱離不肯順從的私欲(尼九17)。倘若祢如我所願的讓我自立，不管我，我根本活不下去。比保護我的「權力」更重要的是，要做「正確無誤」的事，因此我改變我效忠的對象，**宣告**我要完全**倚靠**祢。

使我剛硬的心變得柔軟，但不要使我的靈破碎。在一個鼓吹悖逆甚至不講究理由的社會，我甘願選擇自我卑微，成為奴僕的樣式(腓二5～7)。請揭發我那尋求隱藏在「上帝和我」般的悖逆中，將層層圍住的自我，轉變為矢志不移忠心地服事祢**和**別人。但願我成為信心團體中積極發揮功效的**一員**，彼此互相效力，結成一體，完全效忠於祢。

參閱

第一章·1　尊主為大
·2　默想祂的全能和全在
·9　喜愛上帝的旨意
第二章·10　感謝上帝揀選我
第三章·8　在上帝的旨意中與祂同行
第四章·3　勝過驕傲
·9　將自私的野心交託給上帝
·13　勝過自私的心

第七章 · 3　當你的孩子悖逆時

第九章 · 3　與老闆之間的困難

第十一章 · 4　在基督的身體裏合一

16 逃過試探

因我們的大祭司並非不能體恤我們的軟弱。他也曾凡事受過試探，與我們一樣，只是他沒有犯罪。所以，我們只管坦然無懼的來到施恩的寶座前，為要得憐恤，蒙恩惠，作隨時的幫助。（來四15～16）

主耶穌啊，我實在無法靠自己抵擋試探的引誘。我內心左右的掙扎使我欲振乏力。我的肉體渴望滿足，我的靈卻呼喊要更親近祢。這場在我靈魂裏的戰爭，包括我的心靈、意志、情感，我惟一能得勝的機會就是我的靈必須與聖靈同工。

祢告訴祢的門徒，「總要儆醒禱告，免得入了迷惑。你們心靈固然願意，肉體卻軟弱了。」(太二十六41)我藉著禱告來到祢面前，我的心靈願意，我的肉體卻不受管制。我很慚愧也很後悔讓自己陷在罪中。請祢用赦罪之血洗淨我，因此我可以與祢重新和好，脫離自我裏罪性的糾纏。

我感謝祢，我可以勇敢地來到祢面前，因為我知道祢了解我內心的掙扎；祢也像我一樣受過各種試探，然而祢敵擋住各種引誘，且勝過罪。在我需要的時候，用祢的憐憫和恩惠滿溢在我生命中(來四16)；使我的軟弱變為剛強(林後十二10)。

撒但，你來只是要偷竊、殺戮和毀壞，但耶穌來是要讓我得生命，並且得的更豐盛(約十10)。因此我穿上上帝的全副軍裝——我救恩的頭盔，公義的護心鏡，真理的帶子，用平安的福音作預備走路的鞋，信德的籐牌，聖靈的寶劍，就是神的道，以至我可以滅盡你一切的火箭(弗六11～17)。我斥責你，並且奉耶穌基督的名命令你停止一切的誘惑。

藉著聖靈的能力，我戒絕各樣的惡事(帖前五22)。我站在上帝的應許之上，「你們所遇見的試探，無非是人所能受的。上帝是信實的，必不叫你們受試探過於所能受的；在受試探的時候，總要給你們開一條出路，叫你們能忍受得住。」(林前十13)主耶和華啊，教導我如何逃過試探，當我軟弱而要妥協時警戒我，賜我敏銳的心察覺罪的嚴重性，使我不得不逃離罪，即使是在小事上的妥協，讓我逃進祢愛的雙臂裏。

我坦白承認，我無法靠自己得勝。請帶領我與敬虔的人，建立忠誠可信任的關係。當我與罪惡爭戰時，他們可以鼓勵我。

請賜我**警覺的心**，使我可以記得從前錯誤地倚靠自己；請賜我**遠見的心**，使我認出並改變能使我重蹈舊罪的惡習；並賜我**靈敏的心**，使我確信離開了聖靈的能力，我無法活出祢選召我去活出的聖潔生活。

使我的眼能看出，肉體的試探也是我信心的試煉，我的回應將要決定我的結果——在罪中與上帝更加遠離（賽五十九2）；或忍耐而得到獎賞——屬靈的品格和成熟（羅五3～5）。

藉著認識祢，祢那聖潔的能力已把生命和敬虔所需要的一切賜給我，祢就是那位按祢的榮耀和美善呼召我的上帝。藉著這一切，祢已賜給我偉大又寶貴的應許，透過它們我可以與祢的聖潔有分，並且逃避因我的私欲而產生的那世俗的腐敗（彼後一3）。謝謝祢賜給我祢神聖的大能，使我能過勝過罪性的生活。

參閱

第一章·1　尊主為大

·2　默想祂的全能和全在

·5　因上帝的威嚴和聖潔的榮美而歡呼

·6　更渴慕耶穌

·10　以欣悅的心面對沮喪

第二章·3　為著十字架和寶血感謝上帝

·5　為著基督的復活感謝上帝

·7　感謝上帝差派了祂的靈

第三章·1　謹守清潔

·2　在聖潔上成長

·3　結出聖靈的果子

·7　培養正直的人格

·10　知足的心

第四章全章　〈罪〉

第五章
壓力

我們無法肯定他是否正在遭逢厄運或是面對仇敵——面對一個不敬拜耶和華的人——卻近日在享受其得意。無論如何，在大衛王和所羅門王宮殿中事奉的詩人亞薩，來到上帝面前訴說不平。他不問「為何好人遭逢厄運」？他反過來問「為何惡人得到亨通」？

你是否也問過上帝相同的問題？也許有一位道德和能力都不及你的同事得到升級，而你覺得獲得升級的應該是你？且讓我們聽一聽亞薩的哀歌，看看你是否有同感：

> 上帝實在恩待以色列那些清心的人！
> 至於我，我的腳幾乎失閃；
> 我的腳險些滑跌。

我見惡人和狂傲人享平安就心懷不平。
他們死的時候沒有疼痛；
他們的力氣卻也壯實。
他們不像別人受苦，
也不像別人遭災……
看哪，這就是惡人；
他們既是常享安逸，財寶便加增。
我實在徒然潔淨了我的心，
徒然洗手表明無辜。
因為，我終日遭災難；
每早晨受懲治。
我若說，我要這樣講，
這就是以奸詐待你的眾子。
我思索怎能明白這事，
眼看實係為難。

（詩七十三1～5、12～16）

觀看惡人亨通、好人遭難，亞薩忿忿不平。「我實在徒然潔淨了我的心」，為何我要服事上帝呢？那些不信者順利享平安，而關心上帝者卻得不到。姑且不論屬靈的成熟程度，我們或多或少都曾質問過上帝的良善和公正。

我們的感覺影響我們的觀念，而我們的觀念，至少對自己來說，就會成為事實。在事奉上大大得勝之後，緊接而來的是以利亞沮喪到一個地步，請求上帝讓他回去永恆的天家（王上十九）。在他看來，王后耶洗別要砍他的頭，他的事奉已終結了。但在上帝看來，以利亞更有果效的事奉還未來到。以利亞之後在何烈山旁所遭遇的，正是亞薩在下列經文所提及的：

等我進了上帝的聖所，

思想他們的結局。

（詩七十三17）

直到亞薩遇見賜生命的上帝，他才真正明白義人和惡人的結局。**上帝的同在帶來清晰的角度**。當我們藉著禱告進入上帝的聖所，我們不再用有限的眼光看我們的生命，而是用永恆的眼光來看。

禱告的榮耀就是在上帝面前我們可以擁有真實的我，祂不要我們否認我們真實的感覺，亞薩沒有這樣，以利亞沒有，耶穌更加沒有（太二十六38～42）。我們可以與上帝分享我們心中最大的失望，最深的傷痕……祂有能力處理它們！事實上，只有當我們向上帝展現真實的我，祂才能向我們展示真實的祂。那時就是上帝挪去我們壓力和情緒之高山的時候。

1 不安中得安息

若不是耶和華建造房屋，
建造的人就枉然勞力；
若不是耶和華看守城池，
看守的人就枉然儆醒。
你們清晨早起，夜晚安歇，
吃勞碌得來的飯，本是枉然；
惟有耶和華所親愛的，必叫他安然睡覺。

（詩一二七1～2）

親愛的主啊，我的身體疲勞，我的靈乏力，我的倦怠影響我所做的一切：我的工作、我的情緒、我的人際關係，和我與祢的同行。我所需要的休息，超出於睡眠，是只有祢能給予的。

祢的話語應許，「這樣看來，必另有一安息日的安息為上帝的子民存留。」(來四9)因著我是祢的孩子，我請求祢將我從擾攘不安中提升出來，進入祢的安息。帶領我從勞苦中進入安息，就像祢在創造的第七日進入安息一樣（來四10）。

我奉耶穌的名，將我所有的心意奪回，使它們都順服基督（林後十5）。「因為上帝賜給我們，不是膽怯的心，乃是剛強、仁愛、謹守的心。」（提後一7）我拔掉所有生氣、焦慮、和緊張的根，它們使我的心驚慌。主啊，只有祢的力量能使我翻騰的思潮歸於平靜。請用堅固的堡壘圍繞我，擋住一切不屬於祢的喜好和思想。

在我清醒的時刻，讓我回想許多從祢的話語和我的生活中，關於祢信實和愛的故事（詩九十二2）。贖回我清醒的時刻，使我可以默想祢的話語（詩一一九148），為人代禱（提後一3），享受祢的同在（詩二十七4）。

放鬆我的肌肉，抑制纏繞在我身旁、使我分心的事物。在晚上賜我一首詩歌，使我在睡眠中仍可以與祢同在（詩四十二8）。「我必安然躺下睡覺，因為獨有你——耶和華使我安然居住。」（詩四8）

當我醒過來時，親愛的主，請加添我新的力量，不但使我能面對新的一天，而且能與祢在加略山得勝的兒子耶穌同行。

參閱

第一章 · 3　　珍惜上帝的愛

第二章 · 8　　感謝上帝供應我的需要

· 9　　為著上帝的保護感謝祂

第三章 · 9　　建立信心和信任

第五章 · 2　　憂慮中得平安

· 5　　驚慌中受控制

· 8　　害怕中得鼓勵

第六章 · 8　　未來的方向

第七章全章　〈孩子們的生活〉

第八章全章　〈人際關係〉

第九章全章　〈工作和事業〉

2 憂慮中得平安

應當一無掛慮，只要凡事藉著禱告、祈求，和感謝，將你們所要的告訴上帝。上帝所賜、出人意外的平安必在基督耶穌裏保守你們的心懷意念。（腓四6～7）

主耶穌啊，我做不了自己的救主，更莫說做世界的救主，因此我把屬於祢的歸還給祢。請赦免我容許憂慮和焦慮在我生命中生根。

在憂慮中，我顯出自己極缺乏信心。人非有信就不能得祢的喜悅(來十一6)。請赦免我以屬世的觀念來生活，而不是以永恆的眼光來生活。

祢的軛是容易的，祢的擔子是輕省的(太十一30)。我把放在自己肩膀上，這世界的重擔交託給祢，我把它們放在祢的手中，我把一切的掛慮都交給祢，因為祢顧念我(彼前五7)。

焦慮和憂慮的思想啊，我奉耶穌的名捆綁你。我將所有的心意都奪回，使它們歸順基督(林後十5)，並且放入上帝的平安。這出人意外的平安，必在基督耶穌裏，保守我的心懷意念(腓四7)。

「堅心倚賴你的，你必保守他十分平安，因為他倚靠你。」(賽二十六3)我宣告：我要把我的思想交託給祢，因為我信靠祢。我要説，主，祢是我的避難所，是我的山寨，是我的上帝，是我所倚靠的(詩九十一2)。祢統管萬有，祢大過我心裏一切的憂懼。

我不能改變我的將來，也不能改變人的心，只要我把憂慮交給祢，祢會改變一切。請教導我殷勤禱告的功課，改變我的憂慮成為岩石般穩固的信心，不會動搖。「我心裏發昏的時候……求你領我到那比我更高的磐石。」(詩六十一2)

讓我像樹栽於水旁，在河邊扎根，炎熱來到，並不懼怕，我的葉子仍必青翠。在乾旱之年我**會**結果，因為我惟獨倚靠祢(耶十七7～8)。

參閱

第一章 · 1　尊主為大
· 2　默想祂的全能和全在
· 7　敬拜基督，祂是偉大的「我是」
第二章 · 5　為著基督的復活感謝上帝
· 8　感謝上帝供應我的需要

第三章 · 9　建立信心和信任
· 10　知足的心
第五章 · 4　困惑中有次序
· 5　驚慌中受控制
· 8　害怕中得鼓勵

3 失望中得希望

我的心哪，你為何憂悶？

為何在我裏面煩躁？

應當仰望上帝，因他笑臉幫助我；

我還要稱讚他。

我的上帝阿。

（詩四十二5～6上）

主耶和華啊，我感覺被黑暗和絕望所包圍。**我可以向誰求助呢？我可以投靠誰呢？**如果我可以放棄，我很想放棄，可是我無物可放棄，因此在這黑暗的時刻，我向祢禁食禱告。我不放棄我在祢裏面的指望，因我的指望只在乎祢（詩三十九7）。我在祢的良善、信實和大愛裏全然歇息。

我雖眼不能見祢，並不意味祢不在我生命中作工。我緊緊抓住祢話語所應許的：

我們曉得萬事都互相效力，叫愛上帝的人得益

處，就是按他旨意被召的人。（羅八28）

我深信祢叫萬事互相效力，讓人得益處。因此，我**不**退後，我的內心**不**煩躁。上帝是我的盼望，我等候那日我要讚美祢，因為祢實現了祢的應許(詩四十二5)，我的盼望扎根於祢(詩三十九7)，而不是我所遭遇的困難或情緒。因為那在我裏面的，比那在世界上的更大(約壹四4)。

祢救贖我的命脫離地獄，以仁愛和慈悲為祢的冠冕(詩一〇三4)。祢甚至可以救我脫離絕望：

不但如此，就是在患難中也是歡歡喜喜的；因為知道患難生忍耐，忍耐生老練，老練生盼望；盼望不至於羞恥，因為所賜給我們的聖靈將上帝的愛澆灌在我們心裏。（羅五3～5）

主耶和華啊，當我的盼望在祢裏面，我不能自制地就近祢，我不能自主地尋求靈命成熟，我不能自控地尋求祢聖靈在我生命裏有更多的澆灌。請打開我的眼睛看見祢教導我永生的課題(羅十五4)。

主啊，我不想活在逃避現實中，然而我知道我必須靠信心行走，不是靠眼見(林後五7)。請祢讓我看見一個異象，就是當我在絕望中，祢站在我身旁。將我提出泥濘，帶我進入屬天之境。讓我穿上讚美的衣裳，以代替憂傷之靈(賽六十一3)。

驅除籠罩我的沮喪烏雲，我知道祢的旨意是要我脫離沮喪，因為祢的軛是容易的，祢的擔子是輕省的(太十一30)。

參閱

第一章 · 1　尊主為大
· 10　以欣悅的心面對沮喪
第二章 · 5　為著基督的復活感謝上帝
· 8　感謝上帝供應我的需要
第三章 · 5　孕育忍耐
· 9　建立信心和信任
第五章 · 9　在苦難中蒙救贖

4 困惑中有次序

因為上帝不是叫人混亂，乃是叫人安靜。(林前十四33)

主耶穌啊，祢的話語應允我，如果我缺乏智慧，我可以憑著信心向祢祈求，祢會白白地賜下，不會責備(雅一5～6)。請祢賜我屬天的智慧，使我看清前面的道路，因此我可以作出合祢心意的抉擇。

祢不是混亂的製造者，祢是和平及秩序的創造者(林前十四40)，正如祢從空虛混沌中創造了諸天和地。請祢為我除去我眼前的空虛混沌，並為我創造秩序(創一2)，釐清我的困惑和夾纏不清。我要榮耀祢的名，因為祢能使混亂變成有次序！

鑑察我的心，潔除我的自私，因為「在何處有嫉妒、分爭，就在何處有擾亂和各樣的壞事」(雅三16)。

撒但，你是混亂的肇始者，我禁止你將混亂帶入我的生命中，我譴責你的破壞，並且對你說：「我奉耶穌的名吩咐你，挪去你在我生活上的影響。」我對混亂和無次序說話，並且吩咐它們要調整，配合上帝純全、可喜悅的旨意(羅十二2)。我的腳步為耶和華所定的(箴二十24)。

親愛的主啊，我同時也承認，祢的道路不一定要整齊。因為祢的道路，高過我的道路；祢的意念，高過我的意念(賽五十五9)。祢的作為遠超過我所能看見和明白的。請祢賜我辨識的能力來分辨祢的道路、我的道路，以及仇敵的道路。

調整我的計劃使它符合祢的旨意，使我毫無懷疑的確信，是祢帶領著我往前行。

參閱

第一章·9　喜愛上帝的旨意
第二章·2　感謝上帝賜下祂的話語
第三章·8　在上帝的旨意中與祂同行
第五章·5　驚慌中受控制
第六章·4　財務的困難
　　　·8　未來的方向
第九章·1　尋找工作時的智慧和指引

5 驚慌中受控制

因為上帝賜給我們，不是膽怯的心，乃是剛強、仁愛、謹守的心。（提後一7）

主耶和華啊，當一切都順利時，憑信心而行和與祢親近都不太難。然而現在想走在祢前頭的試探實在太大，這突如其來的風暴鼓動我不顧一切往前衝，全然不是憑著信心。

我知道在驚慌中走在祢前面，只會領我走出祢的祝福而走入貧乏（箴二十一5）和罪惡（箴十九2），可是在我內心卻呼喊著要作一些事。現在，因著祢的憐憫和恩惠，請祢讓我知道：我跳下船只會沉入翻騰不已的海底中。

祢賜給我的不是膽怯的心，乃是剛強、仁愛、謹守的心（提後一7）。當我沮喪的時候，我需要祢傾下能力給我，並重申祢那堅定不移的愛。請迅速拉住我腦海中那狂怒的思想，讓我的心思休息，並且知道祢是上帝（詩四十六10）。「我的心默默無聲，專等候上

帝；我的救恩是從他而來。惟獨他是我的磐石，我的拯救；他是我的高臺，我必不很動搖。」(詩六十二1～2)

我的愛情不會離我遠去，也不會自我設限。聖靈啊，我呈獻我的思想、我的情感、我的話語和我的行動，這都在祢控制之下。用祢的靈帶領我，當我要走在祢前頭時，請擋住我。使我的靈快快地聽祢的聲音，因此我可以在祢的保護中得享安息，甚至風和大浪都聽從了祢(可四41)。開我的眼讓我看見混亂中祢在我身旁，正如在一切平靜安穩之時的一樣。我要憑信心而行，不憑眼見，不管周圍波濤要漫過我身(林後五7)。

主耶和華啊，祢是我的救恩，我信靠祢，無所畏懼(賽十二2)。**祢統管萬有**。

參閱

第一章·1　尊主為大

·2　默想祂的全能和全在

·10　以欣悅的心面對沮喪

第二章·5　為著基督的復活感謝上帝

第三章·3　結出聖靈的果子

·9　建立信心和信任

第五章 · 1　　不安中得安息

· 8　　害怕中得鼓勵

第六章 · 4　　財務的困難

· 8　　未來的方向

6 盛怒中得享平靜

我親愛的弟兄們，這是你們所知道的。但你們各人要快快的聽，慢慢的說，慢慢的動怒，因為人的怒氣並不成就上帝的義。（雅一19～20）

全能的上帝啊，我懷著盛怒來到祢的面前，只有祢能控制我心中的怒火，因為我屬於祢，我要完全屬於祢。請赦免我讓魔鬼在我生命中有一個立足點（弗四27）。撒但，這是我對你的宣告：我奉耶穌的名責備你，我也要收回我在生氣中所交給你一切的權力。因著祂的寶血，我已經被耶穌基督買贖回來，我完全屬於祂（啟五9）。

親愛的耶穌，我的怒氣並不能成就祢的義（雅一20）。請用祢生命的活水澆熄我積鬱的怒火。請完全撲滅它，並用祢的愛和憐憫充滿它。除去我報復的心，無論是用口或行動，因為報應是屬乎祢，不屬乎我（羅十二19）。既然惟獨祢是我的審判官和辯護者，我相信祢一定會為我辯護，我一定不會為惡所勝，我會以善勝惡（羅十二21）。

我的心渴望學習生氣卻不犯罪（弗四26），學習控制我的行動，因此我會「快快的聽，慢慢的說，慢慢的動怒」（雅一19下）。使我回答柔和，使怒消退，而不會觸動它（箴十五1）。救我脫離藉著「公義的外表」掩飾我肉體中的憤怒，並賜我分辨的能力以區別這兩者的分別。

天父上帝啊，我生來是憤怒之子，我配得祢嚴厲的審判（弗二3）。然而祢不顧我的重罪，祢赦免了我，祢抬舉我，使我坐在天上，要將祢極豐富的恩典，就是祢在基督耶穌裏向我所施的恩慈，顯明給後來的世代看（弗二5～7）。謝謝祢向我顯明祢的恩惠和憐憫，但願我以祢向我顯明的慈愛、溫柔和赦免回報祢（弗四31～32）。

參閱

第一章・3　珍惜上帝的愛

第二章・4　為著上帝的恩惠和憐憫感謝祂

・6　感謝上帝使我因著基督成為義

第三章・2　在聖潔上成長

・3　結出聖靈的果子

・9　建立信心和信任

第四章・5　勝過講閒話和在背後批評人

7 治癒因壓力而產生的疾病

我們有這寶貝放在瓦器裏，要顯明這莫大的能力是出於上帝，不是出於我們。我們四面受敵，卻不被困住；心裏作難，卻不至失望；遭逼迫，卻不被丟棄；打倒了，卻不至死亡。身上常帶著耶穌的死，使耶穌的生也顯明在我們身上。（林後四7～10）

主耶穌啊，祢創造我不是為了讓我承擔這個世界的重擔。祢的軛是容易的，祢的擔子是輕省的（太十一30）。因此我將一切情緒和失敗的重擔交託給祢：生氣、怨恨、焦慮、緊張和憂慮。

我把我的軟弱也交託給祢，這些軟弱可能是由心理上的壓力而來，而這壓力是當祢在十字架上替我死時已被廢除的，諸如：過敏、關節炎、哮喘、周期性疲勞、慢性腸炎、沮喪、支氣管炎、頭疼、高血壓、失眠、腸炎症候羣、記憶和精神集中力失控、情緒波動、腦炎、驚慌、結腸炎、胃潰瘍等。我要站在以賽亞書五十三章5節的應許之上，「因他受的鞭傷，我們得醫治。」請洗淨我從壓力和緊張帶來的副作用，但願祢的生命從我的身體上顯明出來（林後七10）。

祢的話語向我保證，「耶和華必為你們爭戰；你們只管靜默，不要作聲。」（出十四14）我對壓力的回應猶似祢並不存在一樣，我為此悔罪。因我為自己打仗，把全世界的重量放在自己的肩膀上，我失去了只有祢能賜予的平安。請祢用聖靈的膏油將平安膏抹我，並讓它膏抹我全身。我現在讓祢為我打仗，並且替我背負重擔。

「堅心倚賴你的，你必保守他十分平安，因為他倚靠你。」（賽二十六3）我的心思要對準祢的偉大和大能，因為祢統管萬有，也管理我的生命。**我要堅心倚靠祢**。

參閱

第一章 · 1　尊主為大

· 2　默想祂的全能和全在

· 4　為著上帝的創造讚美祂

第二章 · 3　為著十字架和寶血感謝上帝

· 8　感謝上帝供應我的需要

第三章 · 9　建立信心和信任

第四章・11　將苦毒和怨恨拋諸背後
・12　勝過憎恨
第五章全章　〈壓力〉
第十章全章　〈生病和疾病〉

8 害怕中得鼓勵

你們當剛強壯膽，不要害怕，也不要畏懼他們，因為耶和華——你的上帝和你同去。他必不撇下你，也不丟棄你。（申三十一6）

如果我是孤獨一人，我有理由覺得害怕。可是祢曾向我保證祢永遠不會忘記我或拋棄我，我倒沒有甚麼可怕的（申三十一6）。

主耶穌，我謝謝祢，天上地下所有的權柄都已賜給祢（太二十八18）。所有的受造物都要在祢的寶座前下拜（啟五13），在世界末了的時候，黑暗的權勢也要承認祢是主（腓二10）。因為祢勝過天上、地上、地底下一切的力量，並且祢住在我裏面，我不會被黑暗的勢力所勝，因為那在我裏面的比那在世界上的更大（約壹四4）。

我奉主耶穌的名抵擋恐懼的靈，上帝並沒有賜我害怕的靈，祂卻賜給我能力、慈愛和謹守的心（提後一7）。請祢從高天將能力降在我身上（路二十四

49），將祢完全的愛充滿我，並趕走恐懼（約壹四18），賜我一個被聖靈管制的心志，在遇見攻擊時能保持鎮靜。

主耶和華啊，我將我的命運交在祢的手中。集結武器攻擊我的必不亨通；用舌攻擊我的，祢必定他為有罪，這是**我**作為耶和華僕人的產業（賽五十四17）。

我不會因我的不信限制祢的能力，然而我決心靠信心而活，不靠眼見（林後五7）。打開我的靈看見必朽壞世界之上的爭戰，並且賜給我信心的眼睛，從永恆的眼光來生活。

我只能活在一種恐懼中：怕上帝或怕人。感動我只怕祢（耶三十二40），因為祢是我惟一尋求讚許的對象。

將勇氣傾注於我，以面對地上的巨人。當我開始膽怯，願我信靠祢右手的力量，並祢的應許，就是無論我往何處，祢必與我同在（書一9）。

耶和華是我的力量，是我的詩歌；
他也成了我的拯救。
在義人的帳棚裏，有歡呼拯救的聲音；
耶和華的右手施展大能。
耶和華的右手高舉；
耶和華的右手施展大能。
我必不至死，仍要存活，

並要傳揚耶和華的作為。

（詩一一八14～17）

參閱

第一章．1　尊主為大

．2　默想祂的全能和全在

第二章．5　為著基督的復活感謝上帝

．9　為著上帝的保護感謝祂

第三章．4　因著聖靈的恩賜受感動

．9　建立信心和信任

第十一章．2　分享福音

．7　彰顯神蹟和奇事

9 在苦難中蒙救贖

我知道我的救贖主活著，
末了必站立在地上。
我這皮肉滅絕之後，
我必在肉體之外得見上帝。
我自己要見他，
親眼要看他，並不像外人。
我的心腸在我裏面消滅了！

（伯十九25～27）

不論洶湧的風浪如何打擊我，主耶和華啊，我**不會**被激怒而攻擊祢。我在困境中要像約伯一樣，在巨大的悲痛和喪失親人時，仍然拒絕懷疑祢的良善。

因為我知道我的救贖主活著。祢是**我的**救贖主。祢將我粗糙的人生藍圖轉變為無價的藝術品。在祢所定的時間，祢造萬物成為美好(傳三11)……包括我的生命。請施行祢救贖的工作，但賜我祢的力量，使我能堅持到底。

我的心渴望更像祢，正如金子經過火煉，請煉淨我的渣滓，使我更像祢(羅五1～4)。我等候那一天看見祢在我生命中所做的轉變。

祢看見全貌——整個樹林——我卻只看見樹。雖然我無法知道為何落入目前的光景，有一件事我知道：祢是美善，祢的憐憫直到永遠(詩一〇六1)。

因此，我決不放棄，我決不讓我所面對的困境宰制我的情緒和反應。主啊，我安息在祢的照顧中。我信靠祢。**祢管理萬有，祢參透萬事**。

參閱

第一章·1　尊主為大
·2　默想祂的全能和全在
·7　敬拜基督，祂是偉大的「我是」
·10　以欣悅的心面對沮喪
第二章·1　感謝上帝差派了耶穌
·5　為著基督的復活感謝上帝
·7　感謝上帝差派了祂的靈
·8　感謝上帝供應我的需要
·9　為著上帝的保護感謝祂
第三章·5　孕育忍耐
·9　建立信心和信任
第十章·9　當上帝沒有施予治療

第六章
婚姻和家庭

你曾經聽過這句說話：一起禱告的家庭，相聚在一起。然而，為甚麼家庭這樣重要？為何禱告是讓一個家庭相聚在一起的要訣？

在整本聖經裏，上帝使用家庭作為主要的工具來帶領祂的百姓。在受造之後，亞當感覺若有所失，聖經告訴我們，亞當在觀察和為所有活物取名之後，他找不到一個合適的幫手（創二20下）。因此，上帝從他的脅下取了一根肋骨造了一個女人。聖經這樣說：

> 上帝就照著自己的形像造人，乃是照著他的形像造男造女。**上帝就賜福給他們**，又對他們說：「要生養眾多，遍滿地面，治理這地，也要管理

海裏的魚、空中的鳥，和地上各樣行動的活物。」（創一27～28）

你有否發現，上帝直到將夏娃賜給亞當之後才祝福亞當？自此之後，上帝開始命定家庭為領受祂祝福的主要途徑。在舊約裏，一個家庭若沒有生養孩子就被看成是受咒詛的，而一個生養眾多的家庭則被認為是蒙福的（詩一二七3～5）。就算是這樣，一個人並不一定要結婚、有了孩子之後，才可以領受上帝的祝福。單身和膝下無子的夫婦在上帝眼前一樣地被愛和接納。然而，每一個人都渴望只有家庭能給予的安全感和照顧。

奇妙的是，一個健康的家庭引領我們更深地認識聖父、聖子、聖靈之間的愛。上帝甚至選擇家庭——我們自稱為「上帝的家庭」——來描述我們在天國的身分（弗二19）。

在家庭裏產生的困難，影響我們生命的每一個層面。毫無疑問地，一段破裂的婚姻影響著孩子在課室和遊樂場的表現。財務的重擔可導致在工作時脾氣暴躁。可是很不幸地，我們無法躲開家庭中的困難。我們預期外面的世界是相當困難，但是當我們的安全地帶也成了戰場時，我們又可逃往何處？

我們的家庭經驗會很戲劇化地影響我們如何過屬靈的生活。從小與一位有虐待脾性的父親生活在一起，會扭曲我們對慈愛天父的理解。我們對親生兄弟姊妹的體驗，影響我們在基督裏與弟兄姊妹的關係。因此，家庭裏彼此的關係，提供我們將救恩活出來的基本架構，這就是禱告對一個家庭那麼重要的原因。

我們所面對最高的山嶽來自家庭，而幸運地，上帝在聖經中賜給我們顯而易見的指引，帶領我們認識祂對於家庭的旨意，因此我們可以坦然無懼地來到祂的寶座前。因為我們知道上帝看重健康的家庭關係，因此我們可以吩咐擋在路中的山嶽，並且看見它被移走。

1 尋找妻子

耶和華上帝說：「那人獨居不好，我要為他造一個配偶幫助他。」(創二18)

主耶和華啊，祢的話語宣告，如果我以耶和華為樂——如果我喜愛祢又以討祢的喜悅為先——祢就將我心裏所求的賜給我(詩三十七4)。渴求一位妻子不是邪惡或自私，因為婚姻是值得尊敬的(來十三4)。「得著賢妻的，是得著好處，也是蒙了耶和華的恩惠。」(箴十八22)

在創造的起初祢宣告「那人獨居不好」(創二18)。祢故意在我裏面創造一個空處，只有妻子可以填滿，因此為著我這神聖的空缺，我奉耶穌的名祈求祢，請賜給我祢在計劃中特別為我揀選的妻子。

因為婚姻的約是神聖的(可十9)，我祈求一位屬於上帝的女人；一位女人，她對我的愛僅次於對祢的；一位會影響我使我更親近祢的女人；一位會建造我的女人；一位讓我可以分享內心深處的想法的女人；一位在身體上、情感上和靈性上吸引我的女人；一位我愛她正如基督愛教會的女人(弗五25)。

我不會尋找次好的、容易的，或是填補我的不安全感的關係。請護衛我的純潔，使我耐心等候，當我遇見她時，請向我確認她就是我所等候的那一位。

請驅除攔阻我通往敬虔婚姻的障礙：不安全感、習慣性的罪、自私、情感上的傷害、不切實際的期待。請釋放我脱離過去在人際關係的包袱，讓我預備好適應祢所為我預備的妻子。

在我等候的期間，我視祢為我最好的同伴和朋友。祢救贖我的命脱離死亡，以仁愛和慈悲為我的冠冕。祢用**美**物，使我所願的得以知足(詩一〇三4～5)。我不會掛慮，但當我向祢陳明我的願望時，請將祢所賜出人意外的平安，在基督耶穌裏，保守我的心懷意念(腓四6～7)。

在這個祈求裏，我倚靠耶和華並且要行善，住在地上且以祢的信實為糧。我將我的事交託祢，並深信祢必成全(詩三十七3～5)。

第一章·3　珍惜上帝的愛

·7　敬拜基督，祂是偉大的「我是」

第二章 · 8　感謝上帝供應我的需要

第三章 · 1　謹守清潔

· 2　在聖潔上成長

· 9　建立信心和信任

· 10　知足的心

第四章 · 13　勝過自私的心

第五章 · 2　憂慮中得平安

第六章 · 12　單親

2 尋找丈夫

耶和華上帝說：「那人獨居不好，我要為他造一個配偶幫助他。」（創二18）

主耶和華啊，祢的話語宣告，如果我以耶和華為樂——如果我喜愛祢又以討祢的喜悅為先——祢就將我心裏所求的賜給我（詩三十七4）。渴求一位丈夫不是邪惡或自私，因為婚姻是值得尊敬的（來十三4）。

在創造的起初祢宣告「那人獨居不好」，然後祢創造了夏娃使她作亞當合適的伴侶（創二18）。我奉耶穌的名祈求祢，請賜給我祢在計劃中特別為我揀選的一個合適的伴侶——丈夫。

因為婚姻的約是神聖的（可十9），我祈求一位屬於上帝的男人。請給我一個丈夫，他對我的愛僅次於對祢的；一位會珍惜我、建造我的男人（箴三十一28）；一位會敬重我（彼前三7）和我們婚姻的誓言的男人；一位是個好父親和供應者的男人；一位在身體上、情感上和靈性上吸引我的男人；一位愛我正如基督愛教會的男人(弗五25)。

禁止我在失望時隨便依附一個男人，我不會尋找次好的、容易的，或是填補我的不安全感的關係。請護衛我的純潔，使我耐心等候，當我遇見他時，請向我確認他就是我所等候的那一位。

請釋放我脫離過去在人際關係的包袱，讓我預備好去適應祢所為我預備的丈夫。請驅除攔阻我通往敬虔婚姻的障礙：不安全感、習慣性的罪、自私、情感上的傷害。驅走要使我失望的不切實際的期待。我寧願倚靠祢，而不是我的伴侶。

在我等候的期間，我視祢為我最好的同伴和朋友。祢救贖我的命脫離死亡，以仁愛和慈悲為我的冠冕。祢用美物，使我所願的得以知足(詩一〇三4～5)。我不會掛慮，但當我向祢陳明我的願望時，請將祢所賜出人意外的平安，在基督耶穌裏，保守我的心懷意念(腓四6～7)。

在這個祈求裏，我倚靠耶和華並且要行善，住在地上以祢的信實為糧。我將我的事交託祢，並深信祢必成全(詩三十七3～5)。

3 夫妻之間的衝突

惟獨從上頭來的智慧，先是清潔，後是和平，溫良柔順，滿有憐憫，多結善果，沒有偏見，沒有假冒。並且使人和平的，是用和平所栽種的義果。（雅三17～18）

主耶和華啊，祢的話語說，萬事都互相效力，叫愛祢的人得益處(羅八28)。在我們的吵架當中，我相信祢會教導我們功課。

且不論我們如何開始爭吵，我祝福我的配偶(太五44)。使我沉浸在祢的愛和憐憫中，我不會容許這個衝突使我們中間產生裂痕，因此願祢所配合的，讓我的配偶或我都不能分開(太十九6)。

主啊，請改變我多於改變我的妻子，我要更多像祢，但願祢愈來愈興旺，我愈來愈衰微(約三30)。鑑察我的心，掃除我的驕傲。這個驕傲攔阻我不能成為解決問題的方法，反成為難題的所在。我不能自大地假想，我對我們的爭吵毫無責任。請判定我的罪，賜我謙卑的心，使我可以公開地認錯並改正。

我的配偶在爭吵中所應負的責任，請祢改變她(或他)。無論我多努力，無論我多會辯論，我都無法改變我的配偶，因此我將她(或他)交託給聖靈判定。我拒絕篡奪祢在我配偶生命中的角色。

我將過去所有的生氣、憤怒、不同意和攻擊放在一邊。我在愛中不記別人的錯，而要永遠保護，永遠信任，永遠盼望，永遠堅忍(林前十三5下、7)。寬恕人的過失，便是自己的榮耀(箴十九11)，因此我寬恕我的配偶加諸於我的任何傷害，無論是有意或無意的。我不會因著愚昧無知的爭吵而落入惡者的網羅(提後二23)。

我圈上一個界限保護我的家(伯一10)，使仇敵在我們的婚約上沒有立足之地，這婚約是我和配偶與上帝訂立的(弗四26～27)。教導我們，我們是站在同一陣線，與相同的敵人作戰。

從上頭來的智慧會多結善果(雅三17)，請賜我智慧能分辨哪些是出於我肉體的私欲，哪些是真理。請賜我敏鋭的心能察覺哪一場仗值得打，哪一場不值得。

更重要的，讓我們重歸於好，再一次愉悦地住在一起。衝突之後使我們更為堅強，讓我們彼此更加親近。但願和平的種子散播在我們的關係上，結出豐富的義果(雅三18)。

參閱

4 財務的困難

上帝能將各樣的恩惠多多的加給你們，使你們凡事常常充足，能多行各樣善事。（林後九8）

主耶穌啊，祢雖然本是富足，卻為我成了貧窮，叫我因著祢的貧窮，可以成為富足(林後八9)。我很高興得悉，祢白白與我分享天上的繁華卻不收費用，我的罪已得赦免(弗一7)。我有永生為禮物(約三16)，在基督耶穌裏，我坐在天上(弗二6)。

按照祢的話語，請祢按照祢榮耀的豐富，在基督耶穌裏，使我在一切財務上的需要都有充足的供應(腓四19)。祢能將各樣的恩惠，多多的加給我，使我凡事常常充足，能多行各樣善事(林後九8)。

主啊，祢未嘗留下一樣好處，不給那些行動正直的人(詩八十四11)。請向我啟示我有否任何攔阻祢祝福流通的思想或行動。如果我活在悖逆中，請使我回轉並悔改(申三十16)。如果我偏離了祢的旨意，請帶領我回到祢的道路(箴三6)。如果我缺乏往前行的信心，請祢增添我（可九24）。

敬虔加上知足的心，就是大利（提前六6）。潔淨我的貪婪、自私或物質主義，這些都使我聚集祢的祝福，而不願與人分享（林後九11）。我要成為祢祝福的管道，而不只是祝福的領受者（創十二2～3）。

我或在何處搶奪和扣留了應該屬於祢的財物，請祢把此光照。當我將當納的十分之一全然送入倉庫，祢挑戰我藉此來試試祢會否還要把天上的窗戶打開，傾下祝福，甚至多得我無處可容（瑪三8～10）。因此，我不要扣留任何屬於祢的財物。

撒但，你是一個盜賊，你來是為了殺戮、偷竊和毀壞（約十10）。根據馬太福音十八章18節，凡我在地上捆綁的，在天上也要捆綁；凡我在地上釋放的，在天上也要釋放。因此我奉耶穌的名捆綁你不可再向我偷竊，並且我命令你歸還你所偷竊的。財物的路障啊，我把你拆毀，並且藉著耶穌基督的恩惠，我釋放祂的豐富生命（約十10）。

親愛的上帝，我信靠祢的良善，當我求餅，祢不會給我石頭；當我求魚，祢不會給我蛇。我若在罪惡的處境裏，尚且也知道拿好東西給人，何況祢，豈不更把好東西給那求告祢的人嗎（太七9～11）？因此請聽我的祈求，並且藉著祢的恩惠帶領我走出財務的窘境，進入祢豐盛的應許之地。

參閱

第一章·1　　尊主為大

·2　　默想祂的全能和全在

第二章·8　　感謝上帝供應我的需要

第三章·9　　建立信心和信任

·10　　知足的心

第四章·6　　勝過貪婪、放縱和物質主義

·8　　勝過懶惰

·13　　勝過自私的心

第九章·6　　蒙愛

5 沒有孩子

以撒因他妻子不生育，就為他祈求耶和華；耶和華應允他的祈求，他的妻子利百加就懷了孕。（創二十五21）

天父，祢的慈愛何等偉大，祢創造了男人和女人——祢的後裔——來享受祢的慈愛。謝謝祢將祢的愛傾倒在我身上，並且接受我作祢的兒子(約一12)。自我們結婚以來，祢也賜給我們渴望與後裔分享愛的心。渴望「滋生繁多」(創一22)並不是錯或自私，因為這是來自祢的渴望。

在我痛苦和挫折中，我祈求有一個孩子，使我可以把愛傾注給他，「兒女是耶和華所賜的產業；所懷的胎是他所給的賞賜。」(詩一二七3)求祢使我們夫婦有敬虔的後代，賜給我們懷胎的果子。就像雅各，直到我從祢那裏領受祝福，得到稱為我名下的孩子，否則我就不容祢離開(創三十二26)。

請賜我出人意外的平安，取代我的生氣和挫折(腓四7）；把我的灰心變為拒絕放棄的盼望；治癒我經常失望的傷痛。因為祢是我的平安（賽九6），祢是我恆久的盼望（彼前一3），並且祢是我的醫治（出十五26）。

我請求耶穌贖罪的寶血臨到我們夫婦，因祂受的鞭傷我們得到醫治（賽五十三5）：包括身、心、靈三方面。正如雅各為妻子向祢祈求，因而利百加便懷了孕。因此我祈求祢醫治我們的身體，使我們可以懷孕（創二十五21）。

請讓我的內心深深地領悟，生育的能力並不影響我們人性的尊嚴。我們的價值並不來自我們所生的孩子，而是在於我們是誰的兒女。

謝謝祢，我深信那在我心裏動了善工的，必成全這工，直到耶穌基督的日子（腓一6）。我深信祢必會在我的生命中成全善工。我要先求祢的國和祢的義，深知這些東西都要加給我了（太六33）。我奉賜生命的耶穌基督的名祈求這些事。

參閱

第一章・3　珍惜上帝的愛

・4　為著上帝的創造讚美祂

・10　以欣悅的心面對沮喪

第二章・6　感謝上帝使我因著基督成為義

第三章 · 5　孕育忍耐
· 9　建立信心和信任
第五章 · 3　失望中得希望
· 6　盛怒中得享平靜

6 太過於忙碌

你們要謹慎行事，不要像愚昧人，當像智慧人。要愛惜光陰，因為現今的世代邪惡。（弗五15～16）

全能的上帝啊，我心中塞滿了世上各種的思慮煩惱，好像我的生命已被擁塞住了。無止盡的需求，例如工作、教會，還有其他趕時間、永無休止的時間表。我承認，這最終及最深的受害便是我與家人、與祢的關係。

然而，祢兒子耶穌的話提醒我甚麼是真正重要的，「人若賺得全世界，賠上自己的生命，有甚麼益處呢？人還能拿甚麼換生命呢？」(太十六26) 我真誠地表白，**我不會因著要賺取這個世界的認可而放棄我與祢，以及與家人的關係**。

我決心使用寶貴的、足夠的時間親近祢。沒有一事比建立我們的關係更重要。祢所賜給我的不是膽怯的心，乃是剛強、仁愛、**謹守**的心(提後一7)。請訓練我，我因此可以用更多時間專注在屬靈的進深上。請向我啟示祢話語的豐富，在禱告中與我相遇，因此我的心思意念能更專注於祢。

我決心使用寶貴的、足夠的時間親近我的家人。賜我分辨的能力和遠見，對不重要的事説不，而對重要的事説是。向我顯明祢所看為重要的事，並賜我足夠的信心來遵行祢所定規的次序。我要活出祢對一位配偶和家長的期許。

請讓我所撒的種子能夠多倍成長，使我可以在公義、有效率以及最重要的——感謝上帝的事上，豐收纍纍。

> 那賜種給撒種的，賜糧給人吃的，必多多加給你們種地的種子，又增添你們仁義的果子；叫你們凡事富足，可以多多施捨，就藉著我們使感謝歸於上帝。（林後九10～11）

參閱

第一章 · 2　默想祂的全能和全在

· 4　為著上帝的創造讚美祂

· 9　喜愛上帝的旨意

第二章 · 8　感謝上帝供應我的需要

第三章 · 8　在上帝的旨意中與祂同行

· 10　知足的心

7 身體或語言的虐待

丈夫當用合宜之分待妻子；妻子待丈夫也要如此。（林前七3）

天父，我像一個破碎的人來到祢面前，我這個在身體和語言上充滿虐待痕迹的配偶剛打了我一頓，使我意氣消沉。我極需要祢的同在和力量。

請祢差派天使圍成一堵牆保護我的家（伯一10）；保護我們免再受傷害，「因為你必賜福與義人；耶和華阿，你必用恩惠如同盾牌四面護衛他。」（詩五12）

我捆綁在我配偶身上和我家裏生氣、報復和暴力的靈。撒但，我奉耶穌的名不准你藉著施虐，在我們的生活中有立足點。你是個賊，你來了，無非要偷竊、殺害、毀壞；但耶穌來了，是要叫我們的家庭得更豐盛的生命（約十10）。

我釋放和平、安靜和自我控制給我的配偶。但願他（或她）愛我不止在言語和舌頭上，而是在行為和真理上（約壹三18）。求祢將我配偶的石心移植為肉心（結三十六26）。

奉耶穌的名，我斥責那個咒詛我家的靈，「如今，那些在基督耶穌裏的就不定罪了。」（羅八1）我驅散仇敵的煙幕，牠想告訴我因為我的過錯才產生難題。因為我是屬於耶穌基督的，我拒絕承擔別人的過失，我也不讓這種事在我家生根。主耶穌啊，請停止這種世代性的罪，並阻止我們再犯曾經犯過的錯誤。

上帝啊，我是與配偶有婚約關係的一員，我誠摯地祈求祢神聖的干預，請竭盡所能讓我的配偶悔改，並重建我們的婚姻（結三十三11）。

「你是我藏身之處；你必保佑我脱離苦難，以得救的樂歌四面環繞我。」（詩三十二7）向我唱祢那寶貴的拯救之歌，請拔掉射傷我靈魂的毒箭，用祢贖罪的血醫治我（賽五十三5）。

在這混亂的時刻，給我力量繼續前行（弗六13），使我有勇氣信任那幫助我的人（箴十五22），並給我智慧知道如何從目前的地步往前行。

謝謝祢賜我華冠，代替灰塵；喜樂之油，代替悲哀；讚美之衣，代替憂傷的靈；願我被稱為公義之樹，是主所栽的，叫祢得著榮耀（賽六十一3）。

參閱

8 未來的方向

因此，我們自從聽見的日子，也就為你們不住的禱告祈求，願你們在一切屬靈的智慧悟性上，滿心知道上帝的旨意；好叫你們行事為人對得起主，凡事蒙他喜悅，在一切善事上結果子，漸漸的多知道上帝。（西一9～10）

全智的上帝啊，我來到祢面前尋求祢的引導。我渴望遵行祢的旨意，願祢的國降臨，願祢的旨意行在我身上，如同行在天上（太六10）。

洗淨我屬世的智慧或自私的動機——肉體的情欲，眼目的情欲，並今生的驕傲。這些都要把我牽引離開祢的旨意（約壹二15～17）。但願祢看我配得過所蒙的召，又用祢的大能成就我一切所羨慕的良善，和一切因信心所作的工夫（帖後一11）。

我拒絕用我自己的智慧和能力來回應。根據雅各書一章5至8節，我為我的將來祈求**祢的**智慧，因為知道祢白白賜給人也不斥責人。我毫不懷疑地憑信心祈求祢神聖的帶領。我為祢應許要賜下的智慧先謝謝祢。

深哉，上帝祢豐富的智慧和知識！祢的判斷，何其難測，祢的道路何其難尋(羅十一33)！

給我勇氣跟隨祢信心的道路，不害怕，因為祢賜給我的，不是膽怯的心，乃是剛強、仁愛、謹守的心(提後一7)。賜我祢的能力(路二十四49)，用愛充滿我，驅除所有的懼怕(約壹四18)，用基督的心引導我(林前二16)，我決心憑信心而行，不憑眼見(林後五7)。

請加添我力量，行走祢擺在我前頭的路。這不是一條平坦易走的路，因為引到永生，那門是窄的，路是難行的，找著的人也少(太七14)。

因此，請向我清楚顯明祢的道路，也請向我説，祢會在我心裏運行，使我渴慕和成就祢的美意(腓二13)。

參閱

第一章・2　默想祂的全能和全在

・5　因上帝的威嚴和聖潔的榮美而歡呼

・9　喜愛上帝的旨意

第二章・2　感謝上帝賜下祂的話語

・8　感謝上帝供應我的需要

第三章 · 6　學習順服
· 8　在上帝的旨意中與祂同行
· 9　建立信心和信任
第四章 · 9　將自私的野心交託給上帝
第五章 · 2　憂慮中得平安
· 8　害怕中得鼓勵
第九章 · 1　尋找工作時的智慧和指引
· 7　工作的目的

9 未得救的配偶

又領他們出來，說：「二位先生，我當怎樣行才可以得救？」他們說：「當信主耶穌，你和你一家都必得救。」（徒十六30～31）

天父啊，因為祢極大的憐憫，祢不願有一人沉淪，乃願人人都悔改（彼後三9）。我知道當我這樣在祢面前祈求時，我所求的符合祢的旨意，因為祢願意萬人得救，明白真道（提前二4）。

因此我勇敢地來到祢的寶座前，站立在祢話語的基礎上：

我們若照他的旨意求甚麼，他就聽我們，這是我們向他所存坦然無懼的心。既然知道他聽我們一切所求的，就知道我們所求於他的，無不得著。（約壹五14～15）

主耶穌啊，祢愛我的配偶過於我愛他（或她），當祢懸掛在十字架上時，祢不但想到我，祢同時也想到他（或她）。我奉耶穌的名捆綁黑暗的勢力，這黑暗的勢力向我配偶混淆真理。請閉住他（或她）的眼不看虛謊（約壹一8），閉住他（或她）的耳不聽仇敵的謊言（約八44），挪去任何會影響他（或她）離開祢的事物，我在那裏釋放接納的靈（羅八15）。天上的聖靈啊，祢就像獵犬，緊追獵物，請緊緊追捕我的配偶。我放手給祢去將我的配偶帶回來，使我的配偶能完全順服祢在天上的主權。

我無法改變他（或她），但是祢能。請打開他（或她）的眼睛，向他（或她）敞開祢話語的真理（詩一一九18）；請將他（或她）的石心轉變為肉心（結三十六26）；請帶領人與我的配偶接觸。他們會指引我的配偶走向耶穌基督，並且分享永恆的生命。

作為「二人成為一體」之婚約的信徒，我未信主的配偶已成為聖，歸屬於祢而成為聖潔（林前七14）。請帶領他（或她）接受聖靈的責備（約十六8），因此我們不均衡的軛可以成為均衡（林後六14）。

請向我顯明，在祢為我配偶的救贖計劃中我應扮演甚麼角色。求祢把守我的嘴（詩一四一3），並引導我的行為，使我不致攔阻聖靈的工作。

今日我要宣告：至於我，和我家，**我們**必定事奉耶和華（書二十四15）。

參閱

第一章・6　更渴慕耶穌

・9　喜愛上帝的旨意

・10　以欣悅的心面對沮喪

第二章・1　感謝上帝差派了耶穌

・3　為著十字架和寶血感謝上帝

・4　為著上帝的恩惠和憐憫感謝祂

・10　感謝上帝揀選我

第三章・8　在上帝的旨意中與祂同行

第四章・1　救恩的禱告（罪人的禱告）

第七章・4　為你孩子的救恩

第十一章全章〈引進上帝的國度〉

10 搬家

你們當剛強壯膽，不要害怕，也不要畏懼他們，因為耶和華——你的上帝和你同去。他必不撇下你，也不丟棄你。（申三十一6）

救贖的天父，改變之風帶領我進入了未知之地，沒有祢在我前頭行，我心害怕；然而因為祢應許與我同在，我無須害怕(申三十一6)。

我的信心不是倚賴改變不已的環境，乃是倚賴主耶穌。祂昨日、今日、直到永遠永不改變(來十三8)。一日復一日，祢的信實和美善永不改變。

我很安慰知悉，祢為我的人生計劃包括了財富、安全、盼望和未來(耶二十九11)。「但義人的路好像黎明的光，越照越明，直到日午。」(箴四18)

正如罪得赦免一樣，搬到一個新環境代表一個重新的開始(林後五17)。在這次的搬遷，我拋棄了過去的惡習，在信心裏增加了德行、知識、節制、忍耐、敬虔、愛弟兄的心和愛眾人的心。但願我在新的生活中，在認識祢的事上有效地多結果子（彼後一5～8）。

請促進我們家人之間的關係，彼此相顧，激發愛心，勉勵行善（來十24）。請帶領我們進入一個教會，這些會眾將會幫助我們更深地與祢同行，激勵我們活出我們的信心。請讓我們與祢的救贖工作有更多的關係，給我們機會，在平安和信任的氣氛中，勇敢地分享救恩的好消息（羅一16）。

因著聖靈的幫助，讓我的孩子容易適應新環境，請帶給他們敬虔而值得尊敬的朋友。使用這個新的環境，讓他們更加倚靠祢。

耶穌，我相信祢是好牧人（約十11），並且祢使我們躺臥在青草地上，領我們到可安歇的水邊（詩二十三2）。請祢藉著祢的恩惠堅定我的信心，確信是祢帶領我們來到這裏。

參閱

第一章・7　敬拜基督，祂是偉大的「我是」

・9　喜愛上帝的旨意

第二章・7　感謝上帝差派了祂的靈

・8　感謝上帝供應我的需要

第三章・9　建立信心和信任

第五章 · 4　　困惑中有次序

· 8　　害怕中得鼓勵

第六章 · 8　　未來的方向

11 在職父母

疲乏的，他賜能力；

軟弱的，他加力量。

就是少年人也要疲乏困倦；

強壯的也必全然跌倒。

但那等候耶和華的必從新得力。

他們必如鷹展翅上騰；

他們奔跑卻不困倦，

行走卻不疲乏。

（賽四十 29～31）

天父啊，我需要祢的領悟力和力量，使我在兩難之間作出取捨。

供應家計或作一個好家長，兩者很難作出取捨。一方面，如果我不供應家庭的需要，我便使信仰受虧損，比不信的人還差（提前五8）。另一方面，如果我忽略了家長的責任，我虧缺了祢所賦予我，照著主的教訓和警戒，養育他們的責任（弗六4）。因著祢的恩惠，請賜我洞察力，知道如何在兩者之間作出平衡。

使我心清醒，明白甚麼事情是重要。認識祢、愛祢及愈來愈像祢，是我人生最高的呼召(腓一9～11)。當我使我們的關係淪為次要，請牽引我回到祢身邊。當我們在一起時，讓我收穫纍纍。

與我的配偶建立更深的關係是多麼容易被忽視的事。請賜我創意，讓我倆可以在其他家庭成員之外，享受二人相聚的時間。讓我們彼此更加親近，就像新婚之時(箴五18)。

工作的壓力和作一位好家長的負擔是沉重無比的。請賜我智慧教養孩子，使他走當行的道，就是到老他也不偏離(箴二十二6)。當我缺乏力量不能有效地教養孩子，請加添我力量(賽四十29～31)。但願祢的能力在我的軟弱上顯得剛強(林後十二9)。

無一物可以取代我與家人同在的時間。當我犧牲與家人的關係，汲汲營營於物質主義與貪婪，美其名為「獲取更好的生活」，請祢重重地責備我(路十二13～21)。請祝福我們有足夠的財富，使我不至於為補貼家用而超時工作。請賜我敏銳的心，知道適可而止。

請釋放我想成為一個完美的基督徒、完美的婚姻伙伴，和完美的家長的捆綁。我要作一個祢呼召我去作的基督徒、配偶和家長。只有祢是完美的(申三十二4)。謝謝祢用全備的恩惠填補我的不足(林後十二9)。

參閱

第一章·6　更渴慕耶穌

　　　·8　用心靈和誠實來敬拜

第二章·8　感謝上帝供應我的需要

第三章·10　知足的心

第五章全章　〈壓力〉

第六章全章　〈婚姻和家庭〉

第七章全章　〈孩子們的生活〉

第九章全章　〈工作和事業〉

12 單親

既是這樣，還有甚麼說的呢？上帝若幫助我們，誰能敵擋我們呢？上帝既不愛惜自己的兒子，為我們眾人捨了，豈不也把萬物和他一同白白的賜給我們麼？（羅八31～32）

全能的上帝啊，我最大的安慰就是知道祢是公正的。祢是孤兒的父親，寡婦的伸冤者，祢是我的聖所（詩六十八5）。祢知道我困在兩難之間，並且祢因為我等候祢而為我行事。「從古以來，人未曾聽見、未曾耳聞、未曾眼見在你以外有甚麼神為等候他的人行事。」（賽六十四4）

主耶穌，祢就是偉大的「我是」，也是我所惟一需要的：祢是我的供應者（腓四19），我的配偶（林後十一2），我最好的朋友（約十五13～15），忠實的同伴（申三十一6），我的謀士（箴二6～7）……祢遠超過我所能測度的（弗三20～21），請為我填補我作為一個單親的空隙。

祢是阿拉法，是俄梅戛；祢是始，是終(啟一8)。祢是掌管時間的上帝。請賜我加倍的時間，使我可以完成一個單親家長那數不完的工作。

祢賜能力給疲乏的，加力量給軟弱的(賽四十29)。賜我力量殷勤地作我的工作，回到家後仍有力量照顧我的孩子。

以單一份薪俸來照顧一個家庭，這迫使我要倚靠祢。我信靠祢那可靠的話語，祢必照祢榮耀的豐富，在基督耶穌裏，使我一切所需用的都充足(腓四19)。天父上帝，祢既不愛惜自己的兒子為我捨了，我信祢也把我所需的一切賜給我(羅八31～32)。

沒有配偶的生活使我必須有身肩父母的養育技巧。請啟示我如何平衡養育者和教養者的角色。請賜我智慧教養孩子，使他(或她)走當行的道，就是到老他(或她)也不偏離(箴二十二6)。將我的生命投資在我的孩子身上是我最高的呼召。

當我寂寞或自我悲憐時，請用祢的榮耀與我同在(賽六)，向我保證祢就在我身旁，帶領我每一個腳步。

第一章・3　　珍惜上帝的愛
・6　　更渴慕耶穌

·7	敬拜基督，祂是偉大的「我是」
第二章·6	感謝上帝使我因著基督成為義
·8	感謝上帝供應我的需要
第三章·5	孕育忍耐
·9	建立信心和信任
第六章·1	尋找妻子
·2	尋找丈夫
·4	財務的困難
·6	太過於忙碌
·11	在職父母
第七章全章	〈孩子們的生活〉

13 分居和離婚

每逢為你們眾人祈求的時候，常是歡歡喜喜的祈求。因為從頭一天直到如今，你們是同心合意的興旺福音。我深信那在你們心裏動了善工的，必成全這工，直到耶穌基督的日子。（腓一4～6）

天父啊，難怪祢宣告「我憎惡離婚」(瑪二16)。扯裂神聖的婚約之痛苦，遠超過祢所要我承受的。我承認我的罪，並承擔起我們關係日漸走下坡所應負的責任(太十九6)。請赦免我，並洗淨我裏面因為離婚所帶來的壞影響(約壹一9)。

我雖然行過死蔭的幽谷，也不怕遭害，因為我知道祢與我同在(詩二十三4)。我哭泣時祢與我同哭，我灰心時祢鼓勵我，給我盼望往前走，謝謝祢從未遺棄我。

因著祢的恩惠，縫補我破碎的心，當我傷心時安慰我。賜我華冠，代替灰塵；喜樂之油，代替悲哀；讚美之衣，代替憂傷的靈。但願這是主所悅納的一年。

使用這場生命的悲劇讓我成長，把我那阻礙真實親密關係的粗糙面軟化，澆灌我破碎心靈的種子，使我能結出不斷增多的聖靈果子（加五22～23）。

重建我剩餘破碎的心靈，重新建造我的自我形像，不是以我曾作的，或是別人在我身上作的，而是以耶穌基督已**為**我成就的來建造。謝謝祢在基督裏轉變我成為上帝的公義（林後五21）。

我拒絕用不饒恕和苦毒對待我已分手的配偶。祢的軛是容易的，祢的擔子是輕省的（太十一30）。不管我承受了多少痛苦，祢在十字架上的苦楚遠超過我的，祢卻赦免了我（彼前三18），因此我釋放所有重擔和捆鎖在祢的手中。

禁止我急於尋找新的關係以填補只有祢能補足的空虛，只有在祢裏面我能找到滿足（詩一〇七9）。

感謝祢，因為離婚不是無法赦免的罪。使用我過去所受的傷害，帶**給**我痊癒及完全，更重要的是**藉著**我，將痊癒及完全帶進別人的生命中，因此我可被稱為公義的樹，祢也因此而得榮耀（賽六十一3）。

參閱

第一章．3　珍惜上帝的愛
　　　．10　以欣悅的心面對沮喪

第七章
孩子們的生活

或許父母能為兒女作的最大職事，就是為孩子禱告。

我們常常忙到一個地步——甚至是因為作主的聖工——沒有作上帝特別呼召我們去**作**的。我們可能在事業上或聖工上有成就，但如果我們忽略了對兒女應該有的訓練——照著主的教訓和警戒（弗六4）——我們卻落在可悲的虧欠中。稍微修改一下經文：「人就是賺得全世界，卻失去了他的家庭，有甚麼益處呢？」（參可八36）

在每一位父母的手中，上帝交託了養育兒女的責任，不只是要教養孩子成為有責任感、有貢獻的成年人，更是要他成為一位**敬虔的**人。我們在孩子身上的作為，會在孩子的一生中逐步產生果效：如果我們播種消極或傷害，我們定會獲取消極和更深的傷害——這傷害不是對著我們，便是對著別人的。如果我們播種公義和愛，我們定會收取更深層的公義和愛。

同時，讓孩子進入危險、不再安全的世界，會讓為人父母的感到乏力。如果有人虐待你的孩子，那怎麼辦？如果你女兒的老師在同學面前公然侮辱她，那該怎麼辦？如果你的孩子開始與壞孩子們廝混，該怎麼辦？有許多不同的景況是超過我們所能控制的。然而，想要掌管孩子們生活的每一層面，不只是萬分困難，而且是徹底的不健康。然而，把孩子交託給上帝是大有益處的。

我們有一個**可以**掌握的變數，就是決定為我們的孩子禱告。沒有人比我們更了解我們的孩子，沒有人能比我們更準確地(因此也是更有效地)為他們禱告，沒有人比我們更關心我們的孩子。我們的禱告澆灌了我們栽種在他們生命中公義和愛的種子。

只是為孩子禱告還不夠，禱告還要加上敬虔的養育，給我們的孩子有機會看見他們生命中的山嶽已被移開了。

1 為你尚未出生的孩子

耶和華的話臨到我說：

我未將你造在腹中，我已曉得你；

你未出母胎，我已分別你為聖；

我已派你作列國的先知。

（耶一4下～5）

主耶穌啊，祢的話語宣告，祢已經認識在我腹中的孩子，祢愛他（或她），祢已經為這個嬰孩作了特別的安排。我很受感動，得悉祢知道我的孩子的未來和人生：願望、夢想、成功、失敗、開始和終結（徒十七26）。

正如亞伯拉罕，我不為自己保留任何事物不給祢——甚至是我的孩子（創二十二9～19）。因此我將他（或她）奉獻在我盼望和夢想的祭壇上給祢，並且我心很得安慰，這個小孩是永遠在**祢的**手中——不是在我手中。

主啊，請祝福這個孩子有健康的身體，祢的話語說：「從嬰孩和吃奶的口中，建立了能力。」（詩八2）

請按照祢的話使我的孩子有力量。我奉耶穌的名斥責不健康的靈，並禁止牠勝過我的孩子和我(路十三11～12)。我祈求沒有任何邪惡能侵犯我的孩子，沒有任何災害能趨近我所懷的胎(詩九十一10)。但願祢與我愈來愈親近，沒有任何邪惡能觸摸我的身體或我的孩子，除非是祢容許的。

請使我的孩子成聖，為祢的旨意而分別出來，如同祢使耶利米成聖。立他在列邦列國之上，為要施行拔出、拆毀、毀壞、傾覆，又要建立栽植(耶一10)。使他(或她)活著榮耀祢的名，更重要的，使他更深地認識祢，正如祢認識他(或她)(約十七25)，不論遭遇任何不可避免的試煉或災難。

「各樣美善的恩賜和各樣全備的賞賜都是從上頭來的。」(雅一17)主啊，謝謝祢，因為祢賜我這個美好又完全的禮物，我要為這新生命的祝福而讚美祢。

參閱

第一章·4　為著上帝的創造讚美祂

·5　因上帝的威嚴和聖潔的榮美而歡呼

第二章·1　感謝上帝差派了耶穌

·7　感謝上帝差派了祂的靈

·9　為著上帝的保護感謝祂

第三章・9　　建立信心和信任
第五章・2　　憂慮中得平安
第十章・6　　防範生病和疾病

2 當你和孩子有衝突時

於是起來，往他父親那裏去。相離還遠，他父親看見，就動了慈心，跑去抱著他的頸項，連連與他親嘴。（路十五20）

聖靈啊，請安慰我，因為我想抱住我的孩子如同父親抱住回頭的浪子。然而沒有擁抱或親吻，只有仇視和不信任。主啊，我很沮喪，我知道祢的慈愛和平安，可是沒有活在其中。

天父啊，祢的話語説，祢必使父親的心轉向兒女，兒女的心轉向父親（瑪四6）。我祈求祢使我們的心彼此轉向。讓我們不但能赦免，而且能和好。用祢的聖靈融化我們的心，忘懷彼此的缺點。

如果我曾干犯我的孩子，惹動他（或她）的怒氣而喪失志氣（西三21），我祈求祢的赦免。賜我勇氣向孩子承認自己的錯，挽回我們的關係。讓我的言語帶著和氣，好像用鹽調和，使我知道該怎樣對待我的孩子（約壹四6）。

如果我的孩子干犯了我，讓我有恩惠去原諒。我丟棄我固執的態度，把審判他（或她）的責任交給祢（太七1）。因著祢的能力，我把另一邊臉頰轉給我的孩子（路六29）。我奉耶穌的名斥責頑強的靈，就是那盤踞在我們之間的惡靈，並且先感謝祢要拆毀分隔我們的牆。

我知道萬事互相效力為成就美事，因此我與孩子和睦的指望在乎祢（詩三十九7），祢是和平的仁君。我使用祢和平的方法，讓分裂我們的衝突歸於和諧。祢的話說兩個人總比一個人好，因為一個若是跌倒，這人可以扶起他來。主啊幫助我們，用互相扶持代替彼此推倒（傳四9～12）。

參閱

第一章・3　珍惜上帝的愛

・10　以欣悅的心面對沮喪

第二章・3　為著十字架和寶血感謝上帝

・4　為著上帝的恩惠和憐憫感謝祂

第三章・2　在聖潔上成長

第四章・11　將苦毒和怨恨拋諸背後

・12　勝過憎恨

第五章・6　盛怒中得享平靜

3 當你的孩子悖逆時

看門的就給他開門；羊也聽他的聲音。他按著名叫自己的羊，把羊領出來。既放出自己的羊來，就在前頭走，羊也跟著他，因為認得他的聲音。羊不跟著生人；因為不認得他的聲音，必要逃跑。（約十3～5）

天父啊，祢超乎萬有之上，祢知道我心裏的傷痛。祢的話語應許，如果我按祢的道教養孩童，當他老了，他也不偏離(箴二十二6)。我以祢的道路為道路，主啊，我也以此教導我的孩子。

但是，主啊，現在仇敵已經站在我的孩子和祢之間。這裏有悖逆、反抗和不順服祢道路的態度。我知道根據祢的話語，悖逆的罪與行邪術的罪是相等的，頑梗的罪和拜偶像的罪也是相同的(撒上十五23)。祢廢棄掃羅的王權因為他的悖逆，我也擔心祢會因為同樣的理由拒絕我的孩子(撒上十三13～14)。

因此，藉著耶穌滿有能力的名字，我驅逐影響我孩子生命的邪靈。撒但，你無權在我孩子的生命裏佔有位置，因耶穌的名逃跑吧！

耶穌，使我孩子的心純淨而聖潔，讓他(或她)先尋求祢的國和祢的義(太六33)，成就祢的旨意，不是他(或她)的，更不是仇敵的。

主耶穌啊，祢是好牧者，祢捨命為要將迷失的羊帶回羊圈。就像祢一樣，我願意作任何事去尋回我的孩子——祢流浪的羊回到祢的羊圈。請祢賜我祢的智慧使我知道如何作(約十11～18)。

耶穌，請赦免我，因為我因著孩子的悖逆，容許憂愁和掛慮瀰漫我身。祢的軛是容易的，祢的擔子是輕省的(太十一30)。因此我把在我肩上的擔子交託給祢，因為祢不快快發怒，卻滿有憐憫(詩一〇三8)。我相信祢會保守我的孩子，雖然他(或她)是悖逆的，並且到了時候，祢會更多顯明在他(或她)的生命中。

請讓我的孩子回想起祢慈愛的聲音，當祢呼叫他(或她)的名字，讓他(或她)立刻跟隨祢這好牧者回到祢的羊圈。

第一章．8　　用心靈和誠實來敬拜

4 為你孩子的救恩

耶穌〔對撒該〕說：「今天救恩到了這家，因為他也是亞伯拉罕的子孫。人子來，為要尋找、拯救失喪的人。」（路十九9～10）

天父啊，不論我多愛我的孩子，我知道祢愛他（或她）更多。

我來到祢面前為我尚未得救的孩子代禱。請祢到我家，正如祢到撒該的家一樣。我懷著期待和信心對我的家說：「今天救恩到了這家」！（路十九9）我們需要祢的到訪。

祢的話語說：「當信主耶穌，**你和你一家**都必得救。」（徒十六31）因為我信靠主耶穌基督，我深信，藉著聖靈的工作，我的孩子很快會信主。

我請求收養的靈臨到我的孩子（羅八15），激動他（或她）的內心，不止息地渴慕認識祢，並且為祢而活。重重地責備他（或她），使他（或她）找不到安息，直到他（或她）得到祢那永不止息的愛。但願他（或她）找到惟獨來自祢的滿足和人生目標。

撒但，你來，無非要偷竊、殺害、毀壞(約十10)。我禁止你偷竊我的孩子，殺害我們的希望，毀壞上帝給我們家救恩的應許。藉著耶穌之名的權柄，我命令你離開我的家。耶穌，請祢向仇敵和我的孩子顯現。

請打開我孩子的眼睛和耳朵，讓他(或她)得知聖靈的工作，將祢恩惠和憐憫的異象賜給他(或她)，因為是祢的慈愛帶領我們悔改(羅二4)，讓他(或她)聽到祢呼叫他(或她)的名字，並帶領其他的信徒進入我孩子的生命中，使他們引導他(或她)走向祢。

我拒絕放棄我的孩子，因為祢拒絕放棄我。當我失信時，祢仍是可信的(提後二13)。即使以色列民將自己獻給其他神祇，祢仍然忠於祢的約，堅守信實(何二2～23)。因此，我勇敢地來到祢的寶座前宣告，我願意為我的孩子站在破口，直到祢施行救恩的日子(結二十二30)。

主耶穌我謝謝祢，因為祢賜予永生的禮物，我最迫切的盼望就是和我家人永遠同享與祢的同在。但願我的夢想——我知道也是祢的夢想——能夠早日實現。

第一章 · 1　　尊主為大

·4　為著上帝的創造讚美祂
·6　更渴慕耶穌
第二章·1　感謝上帝差派了耶穌
·10　感謝上帝揀選我
第三章·5　孕育忍耐
·8　在上帝的旨意中與祂同行
第四章·1　救恩的禱告（罪人的禱告）
第五章·2　憂慮中得平安
第六章·9　未得救的配偶
第九章·2　尚未得救的同事
第十一章全章〈引進上帝的國度〉

5 當你送孩子上學

你要留心領受訓誨，側耳聽從知識的言語。(箴二十三12)

主耶穌啊，我懷著沉重的心情把我的孩子送去學校。離開了安全舒適的家，我的孩子可能會遭遇心智、身體、情感和靈性上無數的挑戰。作為一個家長，我深知這可能是個重擔。

請祢讓我放心，提醒我祢深愛我的孩子，我可以把所有的掛慮交託給祢，因為祢關心他(或她)(彼前五7)。因為祢無所不在，我可以確信祢與我的孩子同在，帶領並保護他(或她)，即使是我不在的時候(詩一三九7～10)。

天父上帝，祝福我的孩子有敏銳的判斷力，但願他(或她)的心與祢合一，使他能順從祢的律例，謹守遵行祢的典章(結十一19～20)。將明辨真理的心賜給我的孩子，使他(或她)能將所聽見的與祢的真理作比較。「你的道就是真理。」(約十七17下)

請用保護祝福我的孩子。請築起一堵牆圍繞他(或她)(伯一10),差派天使保護他(詩九十一11),保衛他(或她)不至於腐化,保守他的心志不偏向於世界的價值,保守他的身體不受傷害,保守他的感情不受創傷,保守他的靈不受損傷。

祝福我的孩子有剛強的心(提後一7),使他(或她)能集中精力,聽從指示,思考敏捷,言語有智慧並且睿智地學習。但願他(或她)有所羅門的智慧,有大衛的心志,約瑟的堅忍,並且在這一切之上,有基督的心(羅十二2)。

祝福我的孩子,得到他(或她)的朋友以至祢安排在他周圍的人——老師們、監護人、教練們以及訓育協談員的喜愛。天父上帝,正如祢的兒子耶穌的智慧和身量,並上帝喜愛祂的心,都一齊增長(路二52),但願我的孩子也是這樣。

聖靈啊,我信託祢為我孩子的保惠師(約十四26)。幫助我的孩子能明辨是非,向他(或她)顯明祢的道路。

參閱

第一章・1　尊主為大

・2　默想祂的全能和全在

第二章・2　感謝上帝賜下祂的話語

6 為你孩子將來的配偶

愛是恆久忍耐，又有恩慈；愛是不嫉妒；愛是不自誇，不張狂，不作害羞的事，不求自己的益處，不輕易發怒，不計算人的惡，不喜歡不義，只喜歡真理；凡事包容，凡事相信，凡事盼望，凡事忍耐。（林前十三4～7）

天父上帝啊，因為婚約是神聖的，並且是出於祢的命令(可十9)，我為我孩子將來的配偶代禱。根據祢的話語，一個婚姻的關係應該反映祢和教會的關係。因此，主啊，請定規我的孩子與他未來配偶的腳步，使他們的婚姻榮耀祢，正如祢啟示在祢的話語中的那樣(弗五25)。

帶領我的兒子遇見一個女人，她對祢的愛超過對他的愛；一個渴慕與祢親近的女人；一個開口就發智慧，滿有信任、信心和忠誠的女人(箴三十一10～31)。

帶領我的女兒遇見一個男人，他對祢的愛超過對她的愛；一個對妻子的愛如同愛他自己一樣的男人(弗五28）；一個願與她為伴侶，並作她最好的朋友的男人；一個研讀上帝話語的男人；一個能供應家庭的需用，並且作個好父親的男人；一個能照顧她並珍惜她的男人（弗五29）。

主啊，保守他們有清潔的關係。但願他們逃避少年的私欲，同心追求公義、信德、仁愛、和平（提後二22）。

我專心倚靠祢，不擔憂我的孩子在婚姻上所作的決定。婚姻是神聖的誓約，一個神聖的婚約，並且只有祢，主啊，能使他們兩人緊靠在一起，按照祢的旨意生活。

參閱

第一章・3　珍惜上帝的愛

第二章・8　感謝上帝供應我的需要

・10　感謝上帝揀選我

第三章・1　謹守清潔

・3　結出聖靈的果子

・9　建立信心和信任

第四章・13　勝過自私的心

第六章・1　尋找妻子

・2　尋找丈夫

7 為了保護你的孩子

耶和華保護愚人；

我落到卑微的地步，他救了我。

（詩一一六6）

主啊，我的孩子是多麼寶貴和良善的，他們有**單純的**心。

然而他們所面對的世界不是這樣單純。他們所面對的世界是有邪惡的心，帶著不潔和邪惡的動機。危險在暗處伺伏，我十分擔心他們的安全。

主啊，我在祢裏面得到安慰，因為祢來為要除掉魔鬼的作為（約壹三8）。祢的話語說：「不要為作惡的心懷不平」（詩三十七1），因此我將一切的憂慮卸給祢和祢保護的大能（彼前五7）。

祢是我孩子的避難所和力量，是他們在患難中隨時的幫助——在學校、遊樂場和家裏（詩四十六1）。全能的上帝啊，祢是避難所，請保護我的孩子免於身體上的傷害；或是疾病，或是受傷的。祢是避難所，請保護我的孩子免遇意外。祢是避難所，請保護我的孩子免於情感上和靈性上的傷害。

天父上帝啊，正如祢在獄中保護約瑟；保護嬰兒摩西在尼羅河的箱子裏平安漂流；保護大衛勝過歌利亞；保護嬰孩耶穌脱離希律王。我信靠祢能保護我孩子的安全。

祢的愛護是圍繞我孩子的盾牌(詩五12)，一堵災害不能將之攻倒的圍牆，因此我宣告我要信靠祢。

參閱

第一章．1　尊主為大

．2　默想祂的全能和全在

第二章．2　感謝上帝賜下祂的話語

．9　為著上帝的保護感謝祂

第三章．1　謹守清潔

．6　學習順服

．7　培養正直的人格

．9　建立信心和信任

第五章．2　憂慮中得平安

．8　害怕中得鼓勵

8 當你的孩子面對同儕壓力

不要效法這個世界，只要心意更新而變化，叫你們察驗何為上帝的善良、純全、可喜悅的旨意。（羅十二2）

主耶穌啊，我看見我的孩子每天所面對，來自朋友、同學、同事、甚至老師的壓力。祢的話語說，魔鬼如同吼叫的獅子，遍地游行，尋找可吞吃的人（彼前五8）。只因祢的恩惠，人們才能免於被罪吞吃。耶穌，請站著擋住魔鬼，不使牠靠近我的孩子，避免牠引誘我的孩子去過那不潔的生活，去吸毒和酗酒、說謊、偷竊、淪落於性錯亂、或暴力的行為。

願我的孩子藉著聖靈得到力量，像猶大支派，在其餘的以色列人背叛的時候「仍然對王忠誠」（參撒下二十2）。賜給我的孩子堅定的心，拒絕鬼魔的事物，寧可選擇上帝的事物。

相比被羣眾接納更重要的，乃是被祢接納。請向我孩子顯出祢的愛和接納，是世界不能給予的。但願祢是我的孩子所要取悅的。

請驅使我的孩子心中更渴慕祢和祢的話語。但願祢的話是我孩子腳前的燈，因此他可以在黑暗中找到他的道路(詩一一九105)。請帶給他一些朋友，一些已被祢買贖回來的朋友，他們可以在信心上激勵他。主啊，但願他可以成為教會裏積極熱心的一員。

眾人的意念不是祢的意念，上帝啊，但是一個易受影響的年輕人並不容易看見這個道理。因此，請讓他認識祢的道路，賜他屬天的啟示，能明白祢永不改變的本質(來十三8)，並讓他知道祢每步也與他同行。

參閱

第一章．3　珍惜上帝的愛

．8　用心靈和誠實來敬拜

第二章．2　感謝上帝賜下祂的話語

．7　感謝上帝差派了祂的靈

第三章．1　謹守清潔

．2　在聖潔上成長

．5　孕育忍耐

．7　培養正直的人格

．9　建立信心和信任

第五章．2　憂慮中得平安

第八章
人際關係

不管我們願意承認與否，我們都「需要依靠某些人」。上帝創造亞當，看了看他之後說：「那人獨居不好」(創二18)，所以祂創造夏娃作他的同伴。

自從那時候開始，人們就必須學習過著與人相處的生活。除了偶然過隱居的生活，我們的人際關係對於我們的生存扮演重要角色。

每一個人被造時都有神形的(God-shaped)空缺，和人際關係的空缺。耶穌能填滿頭一個，我們的朋友填滿第二個。當這兩者彼此相遇，我們「活出我們的救恩」，正如使徒保羅所說的(腓二12)。

上帝不只創造一個人，祂創造一羣人；**個人式的**生活是不顧別人的；**羣居的**生活則是要顧慮與別人的人際關係。

無怪乎當一個人缺乏人際關係時，他會感到孤單。這也是為何許多人渴望與異性分享他們的生活，也是為何當我們失去所愛的人時感到悲痛。**上帝造我們時已命定我們需要人際關係！**

因此，保羅寫道，我們在基督裏的信徒是屬於同一個身體的肢體（林前十二）。這個身體不是只有一隻手、一隻腳或一個腎臟，乃是各個肢體配搭合適一起工作。一羣信徒聚在一個身體裏成為社團——我們與別人美好的人際關係，包含著我們與基督耶穌賜生命的彼此關係——就是這個世界所尋找失落了的一片空缺。

人際關係與生俱來就是複雜而帶冒險性的，我們的人際關係也是我們與上帝同行的有效量度器。一段不和熙愉悅的人際關係，可能指出我們生活中的某一部分需要修正。約翰壹書四章20節告訴我們，「人若說『我愛上帝』，卻恨他的弟兄，就是說謊話的；不愛他所看見的弟兄，就不能愛沒有看見的上帝。」

在我們與朋友之間的爭論，通常指向更大的問題，可能就是上帝正在我們生命中工作的問題。因此，當你用本章的禱辭禱告時，要記得你所面臨在人際關係裏的山嶽，可能代表著一些更深入的問題和態度，是上帝要從你生命中挪去的。

1 修補與父母緊張的關係

「要孝敬父母，使你得福，在世長壽。」這是第一條帶應許的誡命。（弗六2～3）

天父上帝啊，在聖經裏祢一再教導我們要孝敬父母，祢甚至應許給遵行者長壽。可是發生在我們中間的傷害使我們難於遵行祢的話：我的理智告訴我當怎樣行，可是我的心卻躊躇不肯。

主耶穌啊，我來到祢的面前，求祢修補我們之間的關係，提升我們脱離過去彼此攻擊的爛泥攤子，使我們可以在恩惠和真理堅實的基礎上重新溝通。

賜我恩典能夠饒恕，如同祢饒恕了我(弗四32)。不論它是有意的或是無意的；嚴重的或輕微的；或者是毫無理由的。我把所有的過錯交託在祢的手中，因為**祢的**軛是容易的，**祢的**擔子是輕省的(太十一30)。請吹一口聖靈在我長膿的傷口上，治癒我，使我可以將過往拋在後面。

打開我的眼睛使我看清，是甚麼造成我們之間的緊張。如果我有驕傲、悖逆、自私、易於激動或誤解，請祢讓我明白，使我能改進我自己。

同樣的，請在我的父母心中作工。用愛感動他們，使他們原諒我，正如祢赦免了他們(太六12)。請挪去他們眼中的盲點，除去那些會擋住他們清楚看見我們發生衝突的原因的盲點。

但願在謙卑與和平中，藉著祢的聖靈，重新恢復我們的關係。即使他們不想重建關係，我仍然選擇饒恕。我知道當我尊崇父母時，我就是尊崇祢(弗五21)。

請賜我勇氣採取必要的行動，以尋求赦免及重新恢復關係。但願我能用真誠、溫柔和智慧勇敢地去與他們交談。

我曉得萬事都互相效力，叫愛神的人得益處，就是按祢旨意被召的人(羅八28)。因此，即使是在目前的處境，我深信祢會在其中得到榮耀。我在平靜中安歇，深信祢**會**成就美事。祢是和平的仁君，我將與父母的關係所引起的掛慮完全交託給祢。只有祢能紓解緊張和壓力，因此請祢幫助我不要靠自己去作。

第一章．1　　尊主為大

2 修補破損的友誼

所以，你們既是上帝的選民，聖潔蒙愛的人，就要存憐憫、恩慈、謙虛、溫柔、忍耐的心。倘若這人與那人有嫌隙，總要彼此包容，彼此饒恕；主怎樣饒恕了你們，你們也要怎樣饒恕人。在這一切之外，要存著愛心，愛心就是聯絡全德的。（西三12～14）

天父上帝啊，祢是人際關係的建築師。祢創造亞當夏娃與祢交通，雖然這**最早的**關係被罪所破壞(創三)，然而藉著祢的兒子耶穌，祢讓我們與祢和好(弗二14～16)。

主耶穌啊，如同祢打破分隔上帝與人的牆，我也請祢打破分隔我與朋友的牆。就像祢為我所作的，我也為我與朋友間的關係承擔責任，因此我請求祢為我修補破損的友誼。

且不論我們所受的傷害和所說出的話，我渴望看見歧異獲得解決。然而除非祢的協調，否則這事不可能成就。請拆毀我們築成作攻擊的堡壘，並請差派聖靈保惠師來教導我們（約十五26），讓我們存著憐憫、恩慈、謙虛、溫柔、忍耐和愛心，就是聯絡全德的（西三12～14）。

請賜給我冷靜的判斷力以評估我自己（羅十二3），因此我可以為我所作的，以及應作而未作的負起責任。我為任何導致我們分離的驕傲而後悔，請用聖靈的果子代替我的自私（加五22～23）。

請軟化我朋友的心，藉著聖靈對他說話，啟示他知道自己作了何事導致我們的關係破裂。但願我們彼此謙卑接受對方，願意聆聽對方，彼此了解，悔改並和睦。

主啊，請使用我們的重新和好成為榮耀祢的途徑。讓我們一起行走，手牽著手，讓世界看見祢的大愛能克服任何不和。

參閱

第一章 · 5　因上帝的威嚴和聖潔的榮美而歡呼

· 8　用心靈和誠實來敬拜

第二章 · 1　感謝上帝差派了耶穌

· 3　為著十字架和寶血感謝上帝

· 4　為著上帝的恩惠和憐憫感謝祂

第三章·2　在聖潔上成長

·3　結出聖靈的果子

第四章·3　勝過驕傲

·11　將苦毒和怨恨拋諸背後

第五章·6　盛怒中得享平靜

3 失去親人的傷痛

論到睡了的人，我們不願意弟兄們不知道，恐怕你們憂傷，像那些沒有指望的人一樣。我們若信耶穌死而復活了，那已經在耶穌裏睡了的人，上帝也必將他與耶穌一同帶來。（帖前四13～14）

上帝啊，我的心傷痛，我所愛的人永遠地走了。祢的話語說，相信祢兒子的人要得永生（約三16），但是現在我仍然難過：我在這裏，我愛的人在那邊，中間似有深淵將我們隔開。我知道我們會在永生裏與祢相遇，然而現在，這似乎還很遙遠。

我哭泣但得不到安慰。當我的情緒波濤起伏，時間似乎靜止；一會兒我好像沒事，下一會兒我卻心亂如麻。

沒有人明白我的悲傷，我可以向誰傾訴？我可以和誰分享生命？像一個痲瘋病患者，我覺得我在每一個遇見我的人面前是個累贅。

每一天所帶來的又是新鮮地提醒我已痛失所愛——又一次回憶起已過的光陰，卻是沒有其他人會記得的回憶，只有我記得。上帝啊，從來有沒有人如此孤單過？

我的悲傷沒有止息，我日夜哀傷不已；有些夢是甜蜜的，有些是擾人的噩夢。我在困惑中醒來，我惱怒自己。請向我重申祢的憐憫每早晨都是新的（哀三22～23）。

有時我覺得似乎要發狂，我十分困惑吃驚，這事不應發生在我身上！它一定是一場噩夢。上帝啊，我快要醒過來了嗎？

上帝，祢在這裏嗎？祢是真實的嗎？我還可以信靠祢嗎？如果是的，請祢向我顯現，對我說話！

除你以外，在天上我有誰呢？
除你以外，在地上我也沒有所愛慕的。
我的肉體和我的心腸衰殘；
但上帝是我心裏的力量，
又是我的福分，直到永遠。

（詩七十三25～26）

親愛的上帝，祢是我心裏的力量，即使祢似乎不在我身邊，我舉目看天，仰望等候祢的再來。

請撫慰我的哀傷。請用祢的聖靈減低我的孤單，紓解我的憂傷，醫治我的罪咎感，平息我的憤怒，並讓我的靈平靜。

我不要忘記我所愛的人，主啊，但我不要沉溺在痛苦中。因此請給我甜美的回憶，讓我的靈更新，對自己有耐性。請帶給我一個朋友，願意傾聽我。更重要的，用盼望充滿我，使我不像那些沒有盼望的人那樣悲傷。

如果沒有祢的聖靈引導我、安慰我，我真不知道要如何走過這死蔭的幽谷。謝謝祢，因為祢應許祢永不離棄我或忘記我（來十三5）。

參閱

第一章 · 3　珍惜上帝的愛

· 10　以欣悅的心面對沮喪

第二章 · 4　為著上帝的恩惠和憐憫感謝祂

· 5　為著基督的復活感謝上帝

· 8　感謝上帝供應我的需要

第三章 · 5　孕育忍耐

第五章 · 3　失望中得希望

· 6　盛怒中得享平靜

第八章 · 5　孤寂時得舒暢

4 感覺被遺棄或被拒絕

他被藐視，被人厭棄；
多受痛苦，常經憂患。
他被藐視，
好像被人掩面不看的一樣；
我們也不尊重他。

（賽五十三3）

天父上帝啊，我在彷徨無助中來到祢面前。在獨處或在人羣中，被拒絕和遺棄的感覺繼續啃蝕著我的心，好像是致死的惡疾。

被拒絕是孤單的，憤怒、失望、和自我懷疑的浪潮折磨著我，我覺得我的內心已死了。有時我甚至懷疑是否值得活下去。請幫助我體察祢的同在，因為祢的同在是豐溢的喜樂(詩十六11)。

我最大的安慰是知悉祢也曾被拒絕過。在祢最需要他們的時候，祢最親密的朋友，祢的家人，甚至是要被祢拯救的人也遺棄了祢。不顧祢對他們的愛和祢如何觸摸他們的生命，他們否認認識祢，他們出賣了祢，遺棄了祢。然後，當祢被掛在十字架上，甚至祢的天父，全能的上帝也離棄祢（太二十七46）！

耶穌，謝謝祢在十架上為我的罪奉獻祢自己。祢被天父棄絕，因此我不會被棄絕。請讓我看見上帝無條件的愛和接納的異象。請向我實現祢的應許，且不管我曾經被拒絕過，祢永遠不會離棄我或忘記我（來十三5）。

請賜我力量繼續往前走，在沮喪和憂鬱的灰燼中站立起來，並且引領我更靠近祢和祢的愛。

藉著聖靈的能力，我拒絕容讓仇敵向我散播不饒恕、苦毒、報復、和仇恨的種子。耶穌，將祢的恩惠注入我身，讓我回響祢在十字架上的話，「父阿！赦免他們；因為他們所作的，他們不曉得。」（路二十三34）

不論我是否完全地被那些曾經拒絕我的人重新接納，我請求祢用祢**聖潔無私的**愛充滿我和他們。讓我不行走在被拒絕的恐懼中，而行走在祢完全的愛中，這愛驅走所有懼怕（約壹四18）。

謝謝祢，因為我的價值不是在於別人對我的看法，而是**祢**對我的看法。沒有任何事物，**絕無一物**，可以叫我和祢的愛隔絕（羅八35～39）。

參閱

第一章 · 3　珍惜上帝的愛
· 7　敬拜基督，祂是偉大的「我是」
· 10　以欣悅的心面對沮喪
第二章 · 7　感謝上帝差派了祂的靈
· 10　感謝上帝揀選我
第三章 · 5　孕育忍耐
· 10　知足的心
第五章 · 3　失望中得希望
第八章 · 5　孤寂時得舒暢
第十章 · 5　情緒的治療

5 孤寂時得舒暢

我心跳動，我力衰微，

連我眼中的光也沒有了。

我的良朋密友因我的災病都躲在旁邊站著；

我的親戚本家也遠遠地站立。

（詩三十八10～11）

主耶穌啊，有時我常感覺很寂寞，我的家人不了解我，我的朋友似乎不太關心我，即使我的周圍充滿了人，我仍感覺寂寞。主啊，想到沒有人關心我的感受，我心中就很鬱悶。有沒有人關心我啊？有誰我可以投靠呢？有沒有一個同伴可以幫助我勝過困苦的時刻？

請祢現在不要向我隱藏起來，請向我顯明祢的同在。祢曾將生命的道路指示我，我必因見祢面得著滿足的快樂(徒二28)。謝謝祢是我在患難中隨時的幫助(詩四十六1)。

請對我説話，主啊，讓我聽見祢在寂靜中對我説的話，但願我在祢寂靜的同在中得到安慰(詩四十六10)。請賜給我恩惠，在安靜的時刻能耐心等候，並讓我從當中學習功課，使用它們好比一塊跳板一樣，讓我能更深刻地探索關於祢的事物。

請啟示我學習聖經的人物，如何善用孤獨的時刻。請賜我約瑟的膏抹，他在囚牢沉悶度日；如大衛的膏抹，他被掃羅追殺時孤單一人；如摩西的膏抹，他獨自一人攀登西乃山，當時百姓在山下拜偶像；如保羅的膏抹，他放棄所有的親人來跟隨祢；如耶穌的膏抹，當祢的兒子耶穌死在十字架上，祂最好的朋友否認祂。

然而祢賜給祢僕人一個特別的朋友，一個值得信賴的夥伴。祢賜約書亞給摩西，賜約拿單給大衛，賜提摩太給保羅。請差派一個朋友給我，主啊，一個我能與他一起禱告、一起談話、一起歡笑和哭泣的朋友；一個了解我，在我寂寞時幫助我的朋友。

主啊，這些聖經人物遭遇短暫的孤獨時間，他們卻把握這段時間與祢更親近，因此，請賜我遠見，讓我感受祢，引領我更靠近祢。

第一章 · 2　默想祂的全能和全在

· 10　以欣悅的心面對沮喪

第九章
工作和事業

你是否曾說過：「如果我不用擔心財務，我的生活會更美好？」在我們的文化中，避免工作愈來愈成為時尚。在未來的年日裏，許多商業預測員相信，僱主提供更多的假期，以及彈性上班時間，會比傳統的薪金和福利更吸引有潛力的員工。假如其他待遇、條件相同，大部分人都寧願要更多休閒時間，多於薪水較高的工作。

每一天，有千千萬萬的人購買樂透彩票(Lotto)——一種由政府主辦的賭博——希望能獲取巨額獎金，以至我們可以不用工作享受餘生。我們尋求普羅大眾所說的所謂**財務自足**。

在今天，賺錢——即使是賺很多錢——並不是罪惡。保羅寫道：「**貪**財是萬惡之根」(提前六10)，然而這是不是一個諷刺，我們希望賺取多一些而工作少一點？

那麼，為甚麼上帝允許幣值和工作市場與我們付帳單的壓力與日俱增？換句話說，為甚麼我們需要工作（至少是大部分人）？兩個理由：沒有工作我們會懶惰；而且我們不會被迫而靠信心生活。

很有趣的，亞當和夏娃犯罪之後所受的刑罰，不只是被趕出花園，而且是在生兒女及工作上汗流滿面（創三）。你可以向亞當和夏娃抱怨生產之痛和工作之疲累！

然而，或許在上帝的計劃裏，亞當和夏娃在花園裏悠閒無所事事，可能就是導致他們犯罪的原因。在我們孩提時，我們當中可能有很多人被教導「懶惰的心是魔鬼的溫床」。懶惰是聖經一貫所譴責的，它使我們有空閒去隨從我們的自私和偏愛犯罪的傾向。最終，我們的罪驅逐我們離開上帝的面及祂的供應，正如亞當與夏娃所經歷的一樣。

人非有信就不能得上帝的喜悅（來十一6），但如果我們不覺得需要上帝，我們又怎會覺得需要靠信心而行？我們的信心又會有多少的增長？我們在辦公室所被迫要攀爬的山嶽，迫使我們成長得更加堅強。艱辛地尋找工作，迫使我們跪下禱告，因為我們曉得一份不合適的工作會增加財務的困難，而且增加我們寧可避之則吉的麻煩。與同事分享救恩的好消息至終也會使我們更加堅強。

話雖如此，因著我們的財務已自足而有機會提早退休，機會微乎其微，但不要緊，我們的工作帶給上帝寶貴的機會，在我們身上做工，也藉著我們做工。

1 尋找工作時的智慧和指引

你要專心仰賴耶和華，
不可倚靠自己的聰明，
在你一切所行的事上都要認定他，
他必指引你的路。

（箴三5～6）

信實的上帝，像以色列百姓在曠野漂流，我尋找祢的應許之地。讓我能清楚無誤得知祢的方向，正如祢白日用雲柱、晚上用火柱帶領以色列會眾(出十三21)。

請在尋找工作的泥沼地為我修平一條平坦的道路(賽四十3)。帶領我走過祢為我打開的門，為我關上不符合祢計劃的門(啟三7)。我宣告我要信靠祢，倚靠祢的聰明，不論某份工作多麼地吸引我，符合祢的旨意比薪水和福利重要。

同時，我站在祢話語的應許上，「我的上帝必照他榮耀的豐富，在基督耶穌裏，使你們一切所需用的都充足。」(腓四19)但願我能經歷祢的豐富供應和祝福，正如祢能將各樣的恩惠，多多的加給我，使我凡事常常充足，能多行各樣善事(林後九8)。

祢的話語挑戰我，「如今你們求，就必得著，叫你們的喜樂可以滿足。」(約十六24下)我祈求一份能配合我的恩賜、能力和喜好的工作。一份我心所嚮往的工作，一份不僅能獲取收入的工作，更是成為我向同事宣教的一個出口。

因為我心深信祢在帶領我的道路，我決定憑信心而走，而不是在失望和懼怕中跳進一個工作。給我眼光能分辨最好的和次好的，並且有耐心等候它。

「看哪！上帝是我的拯救；我要倚靠他，並不懼怕。因為主耶和華是我的力量，是我的詩歌，他也成了我的拯救。」(賽十二2)

參閱

第一章 · 9　喜愛上帝的旨意
第二章 · 2　感謝上帝賜下祂的話語
　　　 · 8　感謝上帝供應我的需要
第三章 · 5　孕育忍耐
　　　 · 9　建立信心和信任
第四章 · 6　勝過貪婪、放縱和物質主義

2 尚未得救的同事

你們要愛惜光陰，用智慧與外人交往。你們的言語要常常帶著和氣，好像用鹽調和，就可知道該怎樣回答各人。（西四5～6）

主耶穌啊，祢的愛甚至對那最無可救藥的人，仍然像對我的愛一樣，是何等的長闊高深（弗三18～19），因為祢渴望與我們在永生裏同住。祢不願有**一人**沉淪，乃願**人人**都悔改（彼後三9）。

謝謝祢把與人分享救恩好消息的責任託付給我，祢把宣教工場帶進了我家後院！請膏抹我，使我作為祢救贖大愛的使者，並送我進入我的工作場所。我要用愛領人進入祢的天國。

在人們需要的時候，讓我成為聖靈的管道，如同祢在地上宣教時一樣。請賜給我知識的言語，醫病的恩賜以及行異能的能力（林前十二8～10），這都是為我同事的好處，因此他們有機會遇見祢大愛的能力（太十四14）。但願在我生命中暢行無阻的聖靈恩賜，能為祢的天國結出果子。

請調整我同事們的活動項目，使他們有機會與祢相遇，並且安排時間，使我能夠與他們討論關於祢的事情（徒十七26～27）。但願我們的交談能建立好的關係，因此他們能在安全而放心的氣氛下自由地分享（路五30～32）。

若非有人與他們分享永生的信息，他們永遠不知道只有祢能帶給他們的自由。請膏抹每一句出自我口的話語，因此凡我所說的都能滲入他們內心最深處的渴慕。因為是祢的恩慈帶領我們悔改（羅二4），所以帶領我遠離辯論和有火藥味的爭論，這些只會讓人遠離祢。

請把守我的口（詩一四一3），因此我可以知道何時開口何時安靜（箴二十九20）。請開通我的耳，因此我可以做一個好的聽眾。

我請求上帝的國和基督的同在，進入我的工作場所。撒但，我奉耶穌的名捆綁你（太十八18）和你在我工作場所的影響，並且我禁止你蒙住我同事們的眼睛不叫他們看見照耀他們的、福音的榮耀之光（林後四4）。耶穌用寶血為他們的救恩付了代價（啟五9～10），因此我釋放聖靈定罪的大能，並且高舉耶穌的名，以至祂引領他們歸向祂自己（約十二32）。

參閱

第一章・3　　珍惜上帝的愛

・4　　為著上帝的創造讚美祂

第二章・1　　感謝上帝差派了耶穌

第三章・4　　因著聖靈的恩賜受感動

・8　　在上帝的旨意中與祂同行

・9　　建立信心和信任

第十一章・2　分享福音

・8　普世收成

3 與老闆之間的困難

無論作甚麼，都要從心裏作，像是給主作的，不是給人作的，因你們知道從主那裏必得著基業為賞賜；你們所事奉的乃是主基督。（西三23～24）

主耶穌啊，我來到祢面前尋求祢作為我與人衝突的中保。請祢幫助我能用謙虛和客觀的態度，處理我與人爭議的事項。然而比爭論誰是誰非更重要的，就是我對這事件的回應。使用它幫助我更像祢。

祢說：「使人和睦的人有福了！因為他們必稱為上帝的兒子。」（太五9）使我心裏渴望在我能力範圍之內盡力與人和睦相處，包括祢擺在我上頭的上司（羅十二18）。但願我的敬虔使我的同事稱我為「上帝的兒子」，又願我可以經歷祢祝福的獎賞，因為我尋求與人和睦。

我站立在祢的話語上，「所以，你們要自卑，服在上帝大能的手下，到了時候，他必叫你們升高。你們要將一切的憂慮卸給上帝，因為他顧念你們。」（彼前五6～7）我俯伏在祢大能的手中，我知道沒有任何錯誤和暴虐的行為能逃過祢鑑察的眼睛。我完全投靠祢，因為**我知道**祢顧念我。主啊，給我忍耐的心志，等候祢適時的干預。

我承認，我怎樣順服由祢擺在我上頭之人的權柄，就顯出我怎樣順服**祢的**權柄（民十六1～11），雖然我的上司監管我，主啊，我所服事的是祢，祢是我取悅的對象（西三23～24）。因此我要忠實地、勤勞地、正直地做工，不計較別人如何對待我。

請用祢的愛充滿我，使我愛我的上司，但願我用祢慈愛的眼來看他（或她）。賜我洞察力能看出他（或她）生命中的問題，並賜我恩惠能夠耐心地對待他（或她），如同祢對待我一樣。主耶穌啊，我需要祢加添我力量，使我能用愛心回應，因此我的一切言行能讓人尊榮祢（多二9～10）。

請藉著聖靈挪去阻擋美好交通的欄柵，開通我們的耳朵，使我們聽清楚對方的話語，給我們分辨的能力，認出造成僵局的原因。如果有一方還硬著心，請軟化這顆心並帶給我們和好。

請在我們中間撒下和平的種子，我確信祢會讓我在公義上有好的收成，就是在良善和公正上豐收。

參閱

4 與下屬之間的困難

你們作主人的，要公公平平的待僕人，因為知道你們也有一位主在天上。（西四1）

全能的上帝啊，我坐在主管位置的惟一理由，是因為祢把我放在這裏(羅十三1)，「因為沒有權柄不是出於上帝的。凡掌權的都是上帝所命的。」(羅十三1下)在我的責任範圍內，有祢賜給我的權柄，我知道我不僅要向我的上司負責，也要向祢負責(西四1)。因此，我對祢交託給我的責任兢兢業業。

我極需要祢的智慧來理清我與員工之間的衝突和複雜的情緒。祢在雅各書一章5節中應許，「你們中間若有缺少智慧的，應當求那厚賜與眾人、也不斥責人的上帝，主就必賜給他。」因此毫不遲疑地，我來尋求祢的引導。

請讓我能夠分辨，何時使用規條，何時使用恩典。願我面對下屬反抗時，能堅定及勇敢地去做正確的事，而不是容易的事。

與此同時，以祢的憐憫充滿我，使我以同樣的憐憫對待凡向我負責的人。作為一個基督徒和領袖，我是祢的代表。我對我下屬持有的權柄，代表著祢對我持有的權柄。讓我視我的員工乃按著祢的形像所造的一樣（創一27），祢愛他們如同愛我一樣。

和平之君，請進入我公司的每一個角落，釐清我們的糾葛，使我們的衝突化為和睦。我追求與眾人和睦，亦追求聖潔，因為若不聖潔無人可以見主（來十二14～15）。

請向我顯示，祢藉著我的員工，在我生命中教導我關於救贖工作的功課。禁止我因著報復、生氣或受了傷的驕傲來作任何回應；並讓我謙卑地承認，我有哪些不足或過犯造成如此緊張的關係。

但願祢的愛藉著我發光，願我效法祢對他們的愛。

參閱

第一章．3　珍惜上帝的愛

．8　用心靈和誠實來敬拜

．10　以欣悅的心面對沮喪

第二章．4　為著上帝的恩惠和憐憫感謝祂

第三章．3　結出聖靈的果子

．5　孕育忍耐

第四章 · 9　將自私的野心交託給上帝

· 11　將苦毒和怨恨拋諸背後

· 13　勝過自私的心

第五章 · 6　盛怒中得享平靜

5 因公出差

我豈沒有吩咐你麼？你當剛強壯膽！不要懼怕，也不要驚惶；因為你無論往那裏去，耶和華——你的上帝必與你同在。（書一9）

天父啊，在外出差使我暴露在我不想面對的軟弱中，謝謝祢應許我無論往哪裏去，祢必與我同在。

請差派祢的天使保護我，使我免受災害，「耶和華的使者在敬畏他的人四圍安營，搭救他們。」(詩三十四7)我不怕受傷，因為祢必與我同在(賽四十三1～2)，祢的手牽著我(賽五十一16)；當我開車時，使我能提高警覺，請為我築一堵保護的牆(伯一10)，圍繞我的車子，保衛我免受其他駕駛員的碰撞；當我搭飛機時，請引導飛行員有好的判斷，保佑我免於遇上機械故障。

在我獨處時，那個我是真正的我。雖然無人看見我，祢卻看見。保守我的眼睛不看不潔淨的事物(詩一〇一3)；當罪惡藏在暗處時，請指示我讓我逃跑(提後二22)；警戒我，我有一個家庭。根據祢的話語，我們所遇見的試探，無非是人所能受的，但祢是信實的，必不叫我受試探過於所能受的，但在受試探的時候，祢總要給我開一條出路，叫我能忍受得住(林前十13)。帶領我不作任何妥協，給我出路。請比我先到我投宿的旅館，用祢的同在充滿我的房間。但願因著祢的同在是那樣的真實，使我不敢順從我肉體的情欲。

藉著聖靈的力量，我穿上上帝的全副軍裝，以至我能抵擋仇敵一切的詭計；我用真理當作帶子束腰，用公義當作護心鏡遮胸；我用平安的福音當作預備走路的鞋穿在腳上，又拿起信德當作籐牌，來滅盡那惡者一切的火箭；我戴上救恩的頭盔，並手拿著聖靈的寶劍，就是上帝的道，我又把它封印，就是靠著聖靈，隨時多方禱告祈求(弗六13～18上)。謝謝祢，主耶和華啊，在基督裏，我已經是得勝而有餘了(羅八37)。

當我感覺孤單或想念屋企時，請差派服役的靈安慰我(來一14)。謝謝祢在十字架上為我承擔孤單，並且賜我聖靈。但願我離家的時間，因著祢作我旅途的同伴，成為我靈裏復興的契機。

第一章．2　　默想祂的全能和全在

6 蒙愛

耶和華叫百姓在埃及人眼前蒙恩，並且摩西在埃及地、法老臣僕，和百姓的眼中看為極大。（出十一3）

全能的上帝啊，在整本聖經中，祢所揀選的人都有特殊的標誌，他們都在上司的眼前得蒙寵愛。

約瑟被誣告下監後，祢讓他在司獄的眼前蒙恩，約瑟後來被升官至高位（創三十九21）；當以色列百姓離開埃及，祢讓他們在埃及人眼前蒙恩，以至他們先前的擄掠者祝福他們，給他們許多財物，祢的選民就把埃及人的財物奪去了（出十二36）。

因著我是祢的一個選民，我請祢讓我在上司的眼前蒙恩。但願祢因我在小事上有忠心，將影響力和不斷增多的權力賞賜我（太二十五21）。請祝福**我的**手所作的，以至我的同工能看見**祢的**手在作工，因此把榮耀歸給祢。

祢應許亞伯拉罕，地上的萬族都要因他的後裔——祢的選民——得福（創十二2～3）。祢在耶穌的身上實現了這個應許，祢透過呼叫祢名的人，繼續祝福世上萬民。上帝啊，求祢按照祢榮耀的豐富，在基督耶穌裏，使我一切所需用的都充足(腓四19)，然後繼續實現祢的應許，讓我成為財物祝福的管道，將祢的祝福帶進別人的生命中。但願祢獨一無二的恩惠臨到我身，繼而臨到我周圍的人，使他們更靠近祢(林後九8)。

我承認各樣美善的恩賜，和各樣全備的賞賜，都是從眾光之父那裏降下來的，在祂並沒有改變，也沒有轉動的影兒(雅一17)。但願我能將喜悅和歡樂帶給我屬下的人，正如祢所帶給我的。

參閱

第一章 · 4　為著上帝的創造讚美祂
· 7　敬拜基督，祂是偉大的「我是」
第二章 · 4　為著上帝的恩惠和憐憫感謝祂
· 8　感謝上帝供應我的需要
第三章 · 7　培養正直的人格
· 10　知足的心
第四章 · 6　勝過貪婪、放縱和物質主義
第九章 · 8　為你的公司祝福

7 工作的目的

因此，我們常為你們禱告，願我們的上帝看你們配得過所蒙的召，又用大能成就你們一切所羨慕的良善和一切因信心所作的工夫；叫我們主耶穌的名在你們身上得榮耀，你們也在他身上得榮耀，都照著我們的上帝並主耶穌基督的恩。（帖後一11～12）

主耶穌啊，祢從未想用財富和特權來滿足我的欲望，這些只是追求虛空的事，讓我想要更多而已（提前六6～11）。然而，滿足乃來自與祢同在。「你必將生命的道路指示我，在你面前有滿足的喜樂；在你右手中有永遠的福樂。」（詩十六11）

讓我敏感於祢賜生命的同在，啟示我創意的方法，在我工作的地方榮耀並享受祢。更重要的，請向我顯示，祢把我放在這裏有關救贖工作的目的。

因為祢呼召我作祢憐憫和恩惠的祭司（彼前二9），請祢為我打開大門，我可以向同事傳講救恩的好消息。

但願我能在工作場所，使用我的屬靈恩賜服事祢，如同聖靈的導管。引導我接觸那些面對重大危機的人，他們需要祢的話語。讓我講已被恩膏塗抹的話語，給我機會**與**他們一起禱告，否則他們不會尋找祢。請把打開緊閉心門的鑰匙放在我手中。

我知道我真正的職業是作一位織帳篷的傳道者，在職業上供應我自己的需用。祢已經將勸人與基督和好的職分賜給我（林後五18～21）。打開我屬靈的眼睛，讓我不按著肉體來看我的同事，他們是一羣不關心屬靈之事的人；而是按著祢的聖靈來看，他們是一羣祢替他們死而要拯救的人（林後五16）。

請在我的**職業**上向我啟示祢創造的奇妙，在我工作時停止我，向我啟示隱藏在我的職責中，祢那深邃的智慧和慈愛。激發我的創意，以至我的公司和客戶因而得福。

謝謝祢在我的生命中有這樣比賺取薪水更重要的事。請向我顯示在祢的救贖計劃中，我所要扮演的角色。

參閱

第一章·6　更渴慕耶穌

·7　敬拜基督，祂是偉大的「我是」

·8　用心靈和誠實來敬拜

· 9　　喜愛上帝的旨意

第二章 · 6　　感謝上帝使我因著基督成為義

· 10　　感謝上帝因祂揀選我

第三章 · 4　　因著聖靈的恩賜受感動

· 8　　在上帝的旨意中與祂同行

· 10　　知足的心

第四章 · 8　　勝過懶惰

· 9　　將自私的野心交託給上帝

第九章 · 2　　尚未得救的同事

· 6　　蒙愛

第十一章全章〈引進上帝的度國〉

8 為你的公司祝福

自從主人派約瑟管理家務和他一切所有的，耶和華就因約瑟的緣故賜福與那埃及人的家；凡家裏和田間一切所有的都蒙耶和華賜福。（創三十九5）

耶和華啊，我謝謝祢將許多福氣賜給祢的選民。我心中快樂，因為祢應許亞伯拉罕，祢必叫他成為大國，地上的萬族都要因他的後裔得福(創十二2～3)，這福甚至臨到我(羅十一17～24)！請祝福我，也讓我成為別人的祝福。

就像祢祝福雅各的僱主(創三十27)，和約瑟(創三十九5)，我也求祢祝福我的僱主。但願因著他們蒙受這麼多的祝福，驅使他們說：「這一定是上帝的手做的！」

親愛的上帝，請祢因著我的緣故祝福我的公司，祝福我們財務興隆，祝福我們穩定而持久。賜給我們創意提升影響力和效率，使我們的公司在同行中更上一層樓、日新又新。但願領導階層做決定時，能依據上帝的智慧而不是人的知識，「因上帝的愚拙總比人智慧，上帝的軟弱總比人強壯。」(林前一25)

同時，我也求祢引導我的公司遠離貪婪和自私的野心。但願我們公司在生意的異象不只是為了業績的增長。讓我們對窮人有同情心，賜給我們慷慨的心，如此，我們能成為別人的祝福。提高我們正直的標準，感化我們的員工在工作上誠實不訛。

在員工和管理部門之間，營造互相照顧、互相關懷的氣氛，使我們的公司成為友善與合作的典範。讓我們真正成為一個家庭。

請在我們員工的周圍築一道保護的牆，免受生病和疫疾的侵襲。「耶和華所賜的福使人富足，並不加上憂慮。」(箴十22)

最重要的，請顯明祢與我們同在。請讓我們得見祢的榮美和尊貴，以至我們的心被改變，祢的聖靈充滿我們每一個人。讓我們的工作環境成為沃土，豐收靈魂的得救。

願你的作為向你僕人顯現；

願你的榮耀向他們子孫顯明。

願主——我們上帝的榮美歸於我們身上。

願你堅立我們手所作的工；

我們手所作的工，願你堅立。

（詩九十16～17）

參閱

第一章．3　珍惜上帝的愛

．5　因上帝的威嚴和聖潔的榮美而歡呼

第二章．4　為著上帝的恩惠和憐憫感謝祂

．8　感謝上帝供應我的需要

第三章．9　建立信心和信任

第四章．3　勝過驕傲

．6　勝過貪婪、放縱和物質主義

．9　將自私的野心交託給上帝

第九章．6　蒙愛

第十一章．3　同情貧困和窮乏者

第十章
生病和疾病

「至少我們擁有健康！」

你有多少次聽到一個人在經歷難關之後發出上述的説話？只要我們有足夠的體力堅持下去，我們大都能平安度過任何的風暴。緊接著破產之後，沒有新車或出外度假，我們仍可以活著。工作被遣散之後，我們可縮緊財務，減少出外用餐。但是當你的身體被疾病侵襲而痛苦不堪時，你將怎麼辦？你如何保持心中的盼望不退後？你如何保持自己不被擊垮？

我們所面對的生病和疾病這座山嶽，攻擊我們最軟弱的地方。殘酷的致死疾病或是頑強的慢性疾病，會打垮最強壯的人而使他屈服。一個人能去哪裏躲避它？

難怪耶穌在地上的事奉，大部分集中在照顧那些當其時在身體和情感上有需要的人。藉著醫治疾病，當上帝的愛與人的經驗交集，耶穌觸摸人的心。這也就是為甚麼許多人認為「權能相遇」(power encounter)能帶領人靠近天父。

耶穌醫治人因為祂愛他們。「耶穌出來，見有許多的人，就憐憫他們，治好了他們的病人。」(太十四14) 祂並不是因為欠了他們而醫治他們，祂這樣作只因為祂憐憫他們。

好消息就是耶穌並沒有改變。「耶穌基督昨日、今日、一直到永遠，是一樣的。」(來十三8) 當祂看見我們在痛苦中，祂仍然憐憫我們，而且今日祂仍會施行醫治，就像兩千年前所作的一樣。

我們禱告尋求醫治，我們相信上帝能夠，而且會醫治。我們不止息地祈求，直到我們得到應允。但是我們也信靠祂，信心和禱告移動上帝，然而醫治與否依然由上帝定奪。有時候上帝醫治，有時候祂不醫治，我們不能夠完全明白，這是上帝的奧祕。然而，若不禱告，**無人**可以盼望祂從天上干預，移動生病和疾病這座山。

1 超自然的治療

他誠然擔當我們的憂患，
背負我們的痛苦；
我們卻以為他受責罰，
被上帝擊打苦待了。
那知他為我們的過犯受害，
為我們的罪孽壓傷。
因他受的刑罰，我們得平安；
因他受的鞭傷，我們得醫治。

（賽五十三4～5）

全能的上帝，我奉耶穌的名來到祢的面前。我知道祢垂聽我的禱告，顧念我的需要（羅八32）。祢的愛比我的罪強大（羅八38～39）；祢的信實大過我的苦難（哀三23）；祢的能力大過我的疾病（詩一〇三3）。祢是**耶和華拉法**（*Jehovah-Rapha*），是醫治我的上帝（出十五26）。

我來到祢面前祈求祢觸摸我，將祢生命的氣息吹進我裏面（創二7）。願祢賜生命的聖靈將創造的大能注入我的身體，使我重新得以完全。

主耶穌啊，祢誠然擔當**我的**憂患，背負**我的**痛苦。祢受責罰，被上帝擊打苦待。祢是為**我的**過犯受害，為**我的**罪孽壓傷。因祢受的刑罰**我得**平安，因祢受的鞭傷**我得醫治**（賽五十三4～5）。

祢的血豈不更能洗淨我的心，醫治我使我得永生（來九13～14）？請用祢寶貴的血遮蓋我。

祢的話說，「所以你們要彼此認罪，互相代求，使你們可以得醫治。」（雅五16）請鑑察我的心，判斷我、洗淨我任何攔阻祢醫治大能流通的罪。我決心被祢洗淨一切的罪，祢可以潔淨我，使我得回健康。

祢在地上事奉的時候，藉著醫治像我一樣的人他們身體和情感上的疾病，顯明了祢的大愛和憐憫（太十四14）。每一個被祢觸摸的都得了醫治。主耶穌啊，我伸手觸摸祢，就算只是祢衣裳的墜子，祢會醫治我如同祢醫治了他們（可五27～28）。

我信靠祢的大愛、祢的信實，以及祢醫治任何疾病、失調或惡疾的大能。我要因祢對我的關心和照顧而歡呼。

我要將**一切的**憂慮卸給祢，因為我知祢顧念我（彼前五7）。

參閱

第一章 · 1　尊主為大
· 2　默想祂的全能和全在
· 3　珍惜上帝的愛
第二章 · 1　感謝上帝差派了耶穌
· 2　感謝上帝賜下祂的話語
· 3　為著十字架和寶血感謝上帝
· 4　為著上帝的恩惠和憐憫感謝祂
· 5　為著基督的復活感謝上帝
· 7　感謝上帝差派了祂的靈
第三章 · 9　建立信心和信任
第四章全章　〈罪〉
第五章 · 8　害怕中得鼓勵
第十章全章　〈生病和疾病〉
第十一章 · 7　彰顯神蹟和奇事

2 專業醫療者的智慧和分辨力

耶穌聽見，就說：「康健的人用不著醫生，有病的人才用得著。」（太九12）

全智的上帝啊，祢是大醫生；祢赦免我的一切罪孽，醫治我的一切疾病（詩一〇三3）。所有的智慧、知識和真理都**屬乎**祢，也**來自**祢（但二20～23）。我如今被醫生、護士、技術員和其他醫護人員看顧。我請求祢賜給他們祢的智慧、知識和真理，給他們超乎人類邏輯的分辨力，來診斷我的情況。挪去一切的障礙，使他們能被聖靈引導。

正如祢用榮耀充滿會幕（出四十34～35），並設立祢的施恩寶座（出二十五22），我也請祢充滿我的房間，在我身旁，重申肯定我，祢是與我同在的。

用祢神聖的基列乳香塗抹醫生和護士的手（耶八22），引導他們照顧我，並**透過**他們的手醫治我。

祢的話語説：

耶和華是我的避難所；
你已將至高者當你的居所，
禍患必不臨到你，
災害也不挨近你的帳棚。
因他要為你吩咐他的使者，
在你行的一切道路上保護你。

（詩九十一9～11）

差遣天使圍繞我免於受感染或受傷，願他們使照顧我的人，對我的異常狀況提高警覺。

最重要的，我決心不倚賴醫生，而是倚靠祢這位大醫生(代下十六12)。所有的醫治來自祢，所有的智慧來自祢，我的康復也從祢開始(雅一17)。所以我仰賴祢的照顧，因為知道祢掌管一切。

參閱

第一章・1　尊主為大
・2　默想祂的全能和全在
・3　珍惜上帝的愛
・9　喜愛上帝的旨意
第二章・2　感謝上帝賜下祂的話語
・8　感謝上帝供應我的需要

·9　為著上帝的保護感謝祂

第三章·9　建立信心和信任

第五章·2　憂慮中得平安

第十章·3　從診療過程中康復

3 從診療過程中康復

那時希西家病得要死，就禱告耶和華，耶和華應允他，賜他一個兆頭。（代下三十二24）

天父上帝啊，我奉耶穌的名來到祢面前，謝謝祢使用醫療專業人員成為祢醫治的器皿，因為所有的知識和技術**出於**祢也**止於**祢。「各樣美善的恩賜和各樣全備的賞賜都是從上頭來的，從眾光之父那裏降下來的；在他並沒有改變，也沒有轉動的影兒。」（雅一17）

祢的話語説，我若藏身於祢，禍患必不臨到我，災害也不挨近我的帳棚。因祢要為我吩咐祢的使者，在我行的一切道路上保護（詩九十一9～11）。請用祢的保護環繞我，保衛我免於受感染或病情惡化。

正如希西家王向祢祈求，祢就賜他痊癒的兆頭，因此我也祈求祢讓我**完全**痊癒。不但這樣，請向在我周圍的人顯示，祢在我生命中與我親密地同在，祢也與他們親密地同在。但願我迅速的復元使醫生、護士、技術員、醫療人員以及訪客大為吃驚，以至他們會說：「我看見了上帝的手！」

與其荒廢時間，請用我的康復時間讓裏面的我剛強起來(弗五16)。用敬拜詩歌和讚美充滿我的房間。將我的眼睛從電視轉移到祢的話語的豐盛，激動我的靈讓我為別人的需要，以及祢國度的擴展成為代禱的人。我決心要把握每一個時機(西四5)。

我選擇穿上讚美衣，代替憂傷的靈(賽六十一3)。我選擇從我的康復裏，接受祢在我生命中所做的美善(羅五3～5)。

當我完全康復後，請賜我話語向我周圍的人見證祢的拯救和醫治的大能，但願我的康復帶給祢榮耀。

參閱

第一章·1　尊主為大
·2　默想祂的全能和全在
·3　珍惜上帝的愛
第二章·1　感謝上帝差派了耶穌
·2　感謝上帝賜下祂的話語
·3　為著十字架和寶血感謝上帝
·4　為著上帝的恩惠和憐憫感謝祂
·5　為著基督的復活感謝上帝

第三章 · 5　　孕育忍耐

· 9　　建立信心和信任

第五章 · 3　　失望中得希望

· 9　　在苦難中蒙救贖

第十章 · 2　　專業醫療者的智慧和分辨力

· 6　　防範生病和疾病

4 上帝憐憫並醫治生病的孩子

有一個管會堂的人，名叫睚魯，來見耶穌，就俯伏在他腳前， 再三的求他，說：「我的小女兒快要死了，求你去按手在他身上，使他痊癒，得以活了。」（可五 22 ～ 23）

天父，謝謝祢，我能來到祢面前，並知道祢是我的父親，我是祢的兒子。「父親怎樣憐恤他的兒女，耶和華也怎樣憐恤敬畏他的人！」（詩一〇三13）祢對兒女的愛遠超過地上父親或母親的愛。

兒女是祢所賜的產業（詩一二七3）。他們是祢借給我們暫時的禮物，直到他們長大能照顧自己。主啊，我在祢面前舉起這個小孩，祈求祢的憐憫臨到他，就像百夫長的女兒，請用手舉起這個小孩，使這疾病離開他（可五21～42）。

我站在約翰福音十四章12至14節，耶穌的應許上：

我實實在在的告訴你們，我所作的事，信我的人也要作，並且要作比這更大的事，因為我往父那裏去。你們奉我的名無論求甚麼，我必成就，叫父因兒子得榮耀。你們若奉我的名求甚麼，我必成就。

正如祢曾醫治……正如祢曾應許……正如祢的話語存到永遠……我奉耶穌的名祈求，祢會應驗祢的話語，因著我的禱告而成就祢更大的工作。「因為出於上帝的話，沒有一句不帶能力的。」(路一37)請醫治這個小孩，以至聖父因聖子的名得榮耀。

我奉耶穌的名抵擋生病的靈，並且我宣告說：「小孩，你脫離這病了」(參路十三11～12)。耶穌，請用醫治的手觸摸這個孩子，並祝福他(可十16)。

請使用這次的情況，作為這個孩子屬靈生命的轉捩點，讓他藉此更靠近祢，讓他成為祢的大愛和信實的見證。

參閱

第一章．1　尊主為大
．2　默想祂的全能和全在
．3　珍惜上帝的愛
．4　為著上帝的創造讚美祂

第二章·1　感謝上帝差派了耶穌
·3　為著十字架和寶血感謝上帝
·4　為著上帝的恩惠和憐憫感謝祂
·5　為著基督的復活感謝上帝
·7　感謝上帝差派了祂的靈
第三章·9　建立信心和信任
第五章·2　憂慮中得平安
·8　害怕中得鼓勵
第七章·7　為了保護你的孩子

5 情緒的治療

但向你們敬畏我名的人必有公義的日頭出現，其光綫有醫治之能。你們必出來跳躍如圈裏的肥犢。（瑪四2）

賜安慰的上帝啊，我怎能忘記祢賜恩福給那些呼求祢名的人？祢赦免我的一切罪孽，醫治我的一切疾病。祢救贖我的命脫離死亡，以仁愛和慈悲為我的冠冕。祢用美物，使我所願的得以知足，以至我如鷹返老還童（詩一〇三2～5）。我將我的生命擺在祢眼前，我尋求祢用救贖和更新觸摸我。

我所承受的痛苦重擔，使我的力量和盼望枯竭。耶穌啊，祢說過，「我心裏柔和謙卑，你們當負我的軛，學我的樣式；這樣，你們心裏就必得享安息。因為我的軛是容易的，我的擔子是輕省的。」（太十一29～30）請用祢輕省的軛代替我的重軛。我把我的重擔交託給祢——受傷、失望、無盼望、生氣、絕望——然後拿起祢輕省的擔子。

祢在十架上流血不只是為了赦免我的罪和治療我的身體，也是為了治療我情緒上的問題(太八16～17)。祢的話語宣告，祢醫好傷心的人，裹好他們的傷處(詩一四七3)。主啊，請包裹我的憂傷、痛苦和傷害，使它們轉變成回憶祢救贖的大愛。醫治我破碎的心，用祢的寶血使我成為完全。

不要擦掉我過去的記憶，讓我**透過**耶穌基督的寶血來看我的過往。請讓我看見，當我受傷和痛苦的時候，祢在這裏與我同哭泣，為我受傷，加添我力量，並且鼓勵我繼續往前走。在我靈魂的漫漫長夜裏，當我走過死蔭的幽谷，祢在旁與我同行(詩二十三4)，並向我保證我不會承擔我所能忍受的痛苦。(林前十13)

但是不管黑夜多麼陰暗，我知道祢的憐憫每早晨都是新的。「我們不至消滅，是出於耶和華諸般的慈愛；是因他的憐憫不至斷絕。每早晨，這都是新的；你的誠實極其廣大！」(哀三22～23)每一個晚上都有早晨，每一個傷痕都有治癒。

公義的太陽，升起祢醫療的翅膀，照射祢大愛的光茫進入我生命黑暗的角落。讓我從痛苦中得釋放，以至我可以喜悦跳躍如跑出圈外的肥犢(瑪四2)。將我的灰塵轉化為華冠，在我破碎了的心塗上喜樂之油，賜我讚美之衣，代替憂傷的靈(賽六十一3)。贖回我的過去，並使用它塑造我成為祢所期望的人。

6 防範生病和疾病

耶和華是我的避難所；
你已將至高者當你的居所，
禍患必不臨到你，
災害也不挨近你的帳棚。
因他要為你吩咐他的使者，
在你行的一切道路上保護你。

（詩九十一9～11）

主耶穌啊，我很高興天上地下**所有的**權柄都已賜給祢了（太二十八18）。沒有任何執政的、掌權的、機構、發明、軟弱或疾病能勝過祢（弗一21）。我也很高興，因為祢給門徒能力權柄，制伏一切的鬼，醫治各樣的病（路九1～2）。

因此，我奉耶穌的名斥責疾病的靈，並且禁止牠勝過我（路十三11）。從普通的感冒到致命的癌症，主啊，請強化我的免疫系統。我站在上帝話語的應許上，因為我已經將耶和華作為我的避難所，禍患必不臨到我，災害也不挨近我的居所（詩九十一9～11）。主啊，請差派祢的天使在我的居所四周安營，保護我不受傷害（詩三十四7）。

祢的話語宣告：

> 你若留意聽耶和華——你上帝的話，又行我眼中看為正的事，留心聽我的誡命，守我一切的律例，我就不將所加與埃及人的疾病加在你身上，因為我——耶和華是醫治你的。（出十五26）

因為在基督裏，我有上帝的公義，我屬於祢，我祈求沒有任何疾病會靠近我，因為祢是醫治我的主。

但願因祢豐盛的同在圍繞著我是那樣地浩大，因此無一物能觸碰我，除非是來自於祢。「因為你必賜福與義人；耶和華阿，你必用恩惠如同盾牌四面護衛他。」（詩五12）

因為我的身體是聖靈的殿（林前三16～17），引導我遠離有破壞性的惡習，它們會讓我易於軟弱和生病。我要用身、心、靈事奉祢。

但願祢在我四圍安置的牆（伯一10），能見證祢的能力、保護和祢的慈愛。

參閱

7 致命的疾病

耶和華的話臨到以賽亞說：「你去告訴希西家說，耶和華——你祖大衛的上帝如此說：我聽見了你的禱告，看見了你的眼淚。我必加增你十五年的壽數。」(賽三十八4～5)

全能的上帝啊，祢曾用大能和伸出來的膀臂創造天地，在祢沒有難成的事(耶三十二17)。祢是生命的創造者和維持者(詩一三九13～16)。在祢眼中沒有真正致死的病，因為**一切的**疾病都向祢屈膝。

主耶穌啊，祢為**我的**過犯受害，為**我的**罪孽壓傷，因祢受的刑罰**我得**平安，因祢受的鞭傷**我得醫治**(賽五十三5)。但願祢醫治的血流通在我的血管中。

祢就是復活，就是生命(約十一25)。藉著聖靈的大能祢第三日從死裏復活了，勝過罪的刑罰，就是死(彼前三18)。祢的話語說：「然而，叫耶穌從死裏復活者的靈若住在你們心裏，那叫基督耶穌從死裏復活的，也必藉著住在你們心裏的聖靈，使你們必死的身體又活過來。」(羅八11)因為聖靈住在我裏面，我呼求叫耶穌從死裏復活那相同的大能，把我這必朽壞身體裏的死亡倒轉，將祢復活的生命注入我身。

如同祢允准希西家王的請求，延長他的壽命十五年(賽三十八4～5)，我也請求延長我的壽命。我不願離世歸天，直到我完成祢交付我的使命。給我時間向我的朋友和親愛的人分享救恩的好消息。為我打開進入別人生命的大門，因此我可以使用祢大愛的能力。但願我病得醫治的見證能成為榮耀祢的工具。

「他向你求壽，你便賜給他，就是日子長久，直到永遠。」(詩二十一4)只要我有氣息，我要不斷地祈求祢的拯救。我拒絕無聲無息地放棄，因為我知道在信的人凡事都能(可九23)。**耶穌，我相信。**

參閱

第一章 · 1　尊主為大

· 2　默想祂的全能和全在

· 7　敬拜基督，祂是偉大的「我是」

· 10　以欣悅的心面對沮喪

第二章 · 3　為著十字架和寶血感謝上帝

· 4　為著上帝的恩惠和憐憫感謝祂

· 5　為著基督的復活感謝上帝

第三章·5　孕育忍耐

·9　建立信心和信任

第五章全章　〈壓力〉

第十章·1　超自然的治療

·2　專業醫療者的智慧和分辨力

第十一章·7　彰顯神蹟和奇事

8 慢性的疾病

有一個女人，患了十二年的血漏，來到耶穌背後，摸他的衣裳繸子；因為他心裏說：「我只摸他的衣裳，就必痊癒。」耶穌轉過來，看見他，就說：「女兒，放心！你的信救了你。」從那時候，女人就痊癒了。（太九 20 ～ 22）

親愛的耶穌，我十分感謝祢，因為沒有任何障礙能擋住祢無窮盡的恩典。從祢永恆的眼光，所有的生病、疫疾、病痛都是一樣的，也都很重要。祢在地上的事奉，顯示了祢的大愛勝過各種困難、各種人物、各種痛苦。

就像患了十二年血漏的婦人，我知道只要我能觸摸祢的衣裳墜子，我就能得痊癒(太九20～22)。祢的話語說：「凡耶穌所到的地方，或村中，或城裏，或鄉間，他們都將病人放在街市上，求耶穌只容他們摸他的衣裳繸子；凡摸著的人就都好了。」(可六56) 主啊，請聽我向祢呼求的禱告。讓我知道祢的同在，因此我可以觸摸祢的衣裳繸子，就算我必須像這個婦人等十二年，我決心尋找到祢醫治的同在。

當祢在畢士大池遇見這個男子，他已經病了十三年，祢問他，「你要得痊癒嗎？」因著祢的恩惠，祢叫他從褥子上起來行走，甚至他還沒有回答祢的問題。但是主啊，我大聲地向祢回答「是的」！是的，我要得痊癒；是的，我要從這長期的病床上起來，因此我可以又喊、又跳、又唱歌讚美祢的名（約五5～8）！

如果祢能治療患了十二年血漏的婦人，祢也可以治療我。如果祢可以治療畢士大池病了十三年癱腿的男子，祢也可以治療我。如果祢可以讓瞎眼的看見、患痲瘋的得潔淨、耳聾的聽見，以及死人復活，祢也可以將祢復活的生命吹入我必朽壞的身體。主耶穌啊，進入我暫時的世界，用永恆觸摸我。

挪去我懷疑祢不能或不願醫治我的這個心（可一41），因為信心來自祢（羅十17）。請將對祢的良善和大能永不改變、不動搖的信心注入我心中。

參閱

第一章 · 1　尊主為大
· 2　默想祂的全能和全在
· 6　更渴慕耶穌

	·10	以欣悅的心面對沮喪
第二章	·4	為著上帝的恩惠和憐憫感謝祂
第三章	·9	建立信心和信任
第十章	·1	超自然的治療
	·2	專業醫療者的智慧和分辨力

9 當上帝沒有施予治療

深哉，上帝豐富的智慧和知識！
他的判斷何其難測！
他的蹤跡何其難尋！
誰知道主的心？
誰作過他的謀士呢？……
因為萬有都是本於他，
倚靠他，歸於他。
願榮耀歸給他，直到永遠。阿們！

（羅十一33～34、36）

祢是無窮無盡的上帝，祢的智慧深過我的，祢的道路高過我的（羅十一33）。祢安置太陽、月亮和星宿各按其位置，因為祢的能力廣大（耶三十一35）。藉著祢賜下祢的兒子為我的罪死在十字架上，祢顯示了無可比擬的愛（羅五8）。因此我知道沒有任何東西——傷害或疾病——可以攔阻祢的智慧、能力和慈愛。

雖然我曾努力尋求祢的救援，我尚未痊癒；在我有限的領悟裏，我真不知道為何，因為祢能充充足足的成就一切超過我所求所想的（弗三20）。

可是我確知一件事：祢是上帝。祢的作為完全，祢所行的**全然**公平，祢是誠實**無偽的**上帝，又公義，又正直（申三十二4）。因為祢是上帝，而我只是人，我無法明白祢奇妙的作為（林前二7～9）。

就像許多信心偉人，在他們死時仍未得到祢所應許的，我要熱切地尋求祢的干預，抓住祢信實的應許，並且想望一個更美的地方：

> 這些人都是存著信心死的，並沒有得著所應許的；卻從遠處望見，且歡喜迎接，又承認自己在世上是客旅，是寄居的。他們卻羨慕一個更美的家鄉，就是在天上的。所以上帝被稱為他們的上帝，並不以為恥，因為他已經給他們預備了一座城。（來十一13、16）

正如一個人整夜攪擾他的朋友要求食物，因此我也要繼續尋求祢的醫治，直到我面對面看見祢（路十一5～8）。我要憑信心繼續堅持，相信祢會醫治我，因為祢是上帝，我要把這事的結果仰望祢。

我可能無法明白祢的道路，但是我相信祢的慈愛。

直到我得到醫治——現在或將來；請打開我的眼睛，看見祢那無法測度、無可比擬、全然供應的恩惠。但願祢的能力在我的軟弱上顯得完全。直到那日，我要誇耀自己的軟弱，好叫祢的能力覆庇我（林後十二9）。

第一章 · 2　默想祂的全能和全在

· 3　珍惜上帝的愛

· 5　因上帝的威嚴和聖潔的榮美而歡呼

· 9　喜愛上帝的旨意

· 10　以欣悅的心面對沮喪

第三章 · 5　孕育忍耐

· 9　建立信心和信任

第五章 · 9　在苦難中蒙救贖

第十一章
引進上帝的國度

你曾否想過到底是甚麼使《哈利路亞大合唱》成為深具震撼力的歌？每一個聖誕節，人們羣聚聆聽韓德爾（Handel）的神劇《彌賽亞》（*The Messiah*）。這首優美的作品有其獨特的結尾。在勝利的序曲一開始，所有的聽眾——基督徒或非基督徒——全體肅立聆聽合唱團演唱這一首只有四行的詩歌。很奇怪的，這種不自覺的反應舉動，並不是由樂團指揮或管弦樂隊來操作。然而，如果有任何一首詩歌能引起天堂的天使詩班共鳴，那一定是《哈利路亞大合唱》。

在作為敬拜的工具之外，這首歌的歌詞表達了上帝的心和最高的旨意。包夾在持續不斷的「哈利路亞」聲中，韓德爾直接引用了啟示錄十一章15節：「世上的國成了我主和主基督的國；他要作王，直到永永遠遠。」

不論是有意還是無意的，聽眾或多或少能聽出的屬靈感覺就是，上帝的終極目標在於將地上的國轉變成上帝的國。

耶穌在福音書裏的中心信息是上帝的國（太四17）。當祂驅逐污鬼（太十二28），或差派門徒出去傳道（路九1～2），這些工作在祂的心中就是要擴展天國。

上帝的國度和**天上的國度**，這兩個同義詞都是講到上帝的管理和治理。這個國度不像一個國家有疆界，而是指上帝在人的心中掌權。耶穌最先引進上帝的國就在地上，而讓祂的門徒繼續完成這項工作。

在主禱文裏，耶穌教導祂的門徒禱告讓上帝的國降臨，「願你的國降臨；願你的旨意行在地上，如同行在天上。」（太六10）當上帝的國在地上建立，祂的旨意也會通行。耶穌在馬太福音六章33節訓誡門徒，「你們要先求他的國和他的義，這些東西都要加給你們了。」

本章的禱告專注在尋找上帝最高的旨意——祂的管理和治理——得以成就。上帝為迷失的羊心裏著急，好像一位父親遠離了兒子，祂期望與兒女重聚。毫無疑問的，我們知道上帝最關心的是要與祂的百姓和好（林後五18～19）。

因此，是誰擋住上帝的旨意使它不得實現？就是我們。無條件地，上帝的旨意終**必**完成，但是使它早日實現而不拖延，端賴我們委身致力於先尋求祂的國度。上帝十分樂意選擇使用祂的百姓之禱告，作為成就祂旨意的工具。

如果你真想知道上帝的旨意是甚麼……如果你想為上帝心中的旨意來禱告……如果你想有分於看見「世上的國」成了「我主和主基督的國」，那麼就用這些禱告文來禱告吧。

1 教會的復興

這稱為我名下的子民，若是自卑、禱告，尋求我的面，轉離他們的惡行，我必從天上垂聽，赦免他們的罪，醫治他們的地。（代下七14）

天父，祢的話語應許，如果我們謙卑，承認我們需要祢；如果我們誠懇地尋求祢的面，超過尋求祢手的幫助；如果我們轉離使我們離開祢的惡習，並尋求討祢喜悅的生活方式，這樣我們**定會**聽見祢從天上來的聲音。祢**會**赦免我們的罪，祢**會**醫治我們的土地。

我來到祢的面前承認，攔阻在地上建造天國的，不是邪惡的世界作了甚麼，而是教會沉睡沒有工作。我們不肯禱告表明了我們根深蒂固的驕傲，因為它表明了我們並不想讓祢參與我們的生活。天父啊，請赦免我們，我們自稱屬於祢，卻脫離祢而獨立生活。

我們常常在祢身上選擇我們所想要的，卻丟棄了其餘的：我們要祢的拯救，卻不要祢使我們成聖——

就是長成有祢的性情和行為(彼前一15～16)；我們要耶穌寶血的赦免，卻不要向我們自己死的十字架(路九23)；我們只從祢復活的大能尋求認識祢，卻**不想**與祢同享苦難(腓三10～11)。天父啊，赦免我們按照自己的，而不是按照祢的條件來接受祢；尋求祢**聖潔**的靈，卻忽略了我們的罪；注重我們的恩賜，多於賜恩賜的主。

主耶穌，祢說祢要建造祢的教會，陰間的權柄，不能勝過它(太十六18)，可是我們卻更關注我們教會的建築物超過建造祢的教會。請赦免我們築牆擋住了祢犧牲生命要拯救的人(羅五8)。我們貯藏了祢的話語，卻沒有白白地與人分享(太十8)；我們錯誤地咒詛了黑暗，卻沒有擁抱光明。

主耶穌啊，使我們成為聖潔，用祢的道潔淨我們。願祢把榮耀毫無玷污皺紋的教會獻給上帝(弗五25～27)。請潔淨祢的教會，因此沒有任何事物可以阻礙祢的聖靈在我們裏面，或在我們中間，或藉著我們流通。請搖動我們草木禾秸的根基，親愛的上帝啊，請祢在我們中間做工，帶領祢的百姓悔改——請從我開始。

願**祢的**國降臨；願**祢的**旨意行在地上，如同行在天上(太六10)。先知瑪拉基已預言這日子，父親的心轉向兒女，兒女的心轉向父親(瑪四6)。天父上帝，請讓祢兒女的心轉向祢。但願我渴望世界得到祢的福音，因為祢渴望他們與祢和好。

主啊，喚醒沉睡的巨人！但願潔淨我們的火同時點亮復興的火炬。我們渴望看見聖靈澆灌在凡有血氣的人身上，就像先知約珥所預言的(珥二28)。我們因著祢的恩惠和憐憫祈求祢，請從天上臨到我們(賽四十四3)。

祢的道路遠高過我們的道路(賽五十五9)。我們要一切祢所給予我們的，甚至是超過我們所求所想的(弗三20)。搖醒我們的冷漠呆板，並且賜我們力量活出在聖靈和真理裏的敬拜生活(約四23～24)。

耶穌啊，祢曾說：「飢渴慕義的人有福了！因為他們必得飽足。」(太五6)激勵我們飢渴慕義的心，我們就必得飽足。使我們的禱告注意要更多得到祢，讓我們浸潤在祢聖靈的江河裏(結四十七)。

參閱

第一章 · 5　因上帝的威嚴和聖潔的榮美而歡呼

· 6　更渴慕耶穌

· 8　用心靈和誠實來敬拜

第二章 · 3　為著十字架和寶血感謝上帝

· 7　感謝上帝差派了祂的靈

第三章．1　　謹守清潔

　　　．2　　在聖潔上成長

　　　．8　　在上帝的旨意中與祂同行

第四章全章　〈罪〉

第十一章全章〈引進上帝的國度〉

2 分享福音

我不以福音為恥；這福音本是上帝的大能，要救一切相信的，先是猶太人，後是希利尼人。（羅一16）

主耶穌啊，祢的名超乎萬名之上。因祢的名，萬膝要跪拜，萬口要頌揚祢是主（腓二9～11）。祢的名有醫治能力（徒四30），但更重要的，祢的名就是拯救。謝謝祢，因為凡求告祢名的就必得救（羅十13）。出於感謝祢的救恩以及順服祢的話語（可十六15），我們（祢的教會）竭力傳揚耶穌基督福音的好消息。

賜給我們勇氣，行事為人怕上帝過於怕人。祢的話語說：「智慧人懼怕，就遠離惡事。」（箴十四16）請啟示我們，與祢的大能相比，我們是何等的渺小。若祢幫助我們，誰能敵擋我們呢（羅八31）？

「因為心裏所充滿的，口裏就說出來。」（太十二34）耶穌啊，請用源源不絕的愛充滿我們的心，讓我將這愛獻給祢以及在我周圍的人，使我們不致於緘默而不分享福音好消息。願祢的話在我們的心裏像燒著的火，閉塞在我們的骨中，我們就含忍不住，不能自禁（耶二十9）。

因為祢的話不會徒然返回（賽五十五11），請將祢的話放入我們的口中。讓我們有勇氣按祢**所定的時間**，去說祢要我們**所要說的話**。給我們話語中有洞察力，傳給受傷害者及心中空虛的人。

請把祢憐憫迷羊的心感動我們（可六34），讓祢的教會在互相信任和誠信中，多從事有關救贖的事工。賜給我們恩惠，用敏銳的心和謙虛分享祢的好消息（西四5～6）。因為我們必須贏得傳福音的權力，請保守我們不犯罪，不沾染惡習，免得我們在傳福音的事上被棄絕（林前九27）。

我們和我們所有的一切都屬於祢，因此請祢使用祢賜給我們的恩賜，去成就祢美好的旨意（林前十二）。聖靈啊，感動我們在分享福音時有創意。

主啊，我不想閒散地坐著，觀看祢用恩惠和能力在世上做工。我的心渴望被祢使用，請帶我進入祢的神聖計劃中，讓我成為天國有用的器皿。

第一章．2　　默想祂的全能和全在

3 同情貧困和窮乏者

因為我餓了，你們給我吃，渴了，你們給我喝；我作客旅，你們留我住；我赤身露體，你們給我穿；我病了，你們看顧我；我在監裏，你們來看我……我實在告訴你們，這些事你們既做在我這弟兄中一個最小的身上，就是做在我身上了。（太二十五35～36、40下）

天父上帝啊，祢有豐盛的恩典(弗一7)，和憐憫(詩一〇三8)。從創立世界以前，祢就定意用豐盛的大愛愛我們(弗一4～8)。祢不只**說**愛我們，還藉著祢賜下獨生子耶穌，為我們的罪死在十字架上，使我們得到永生(約三16)，來向我們**顯明**祢的愛。謝謝祢。

同樣的，我們對別人的愛也顯明祢的大愛在我們裏面(約壹四7～8)。主啊，請將同樣滿有恩惠的愛充滿我們——賜給人他們所**不**配有的；請將滿有憐憫的愛充滿我們——不將人應受的報應他們。

當我們自欺，只在言語上愛人，卻不像祢在行為和真理上愛人，請提醒我們(約壹三18)。當我們在財務上、時間上、和行為上白白地奉獻，而不求回報，沒有別的事使我們更像祢了。藉著祢的聖靈在我們裏面工作，和祢的愛通過我們工作，感動祢的百姓去過慷慨奉獻的生活。

天父啊，當我們沒有活出祢愛的標準，求祢赦免我們。祢呼召我們當為貧寒的人和孤兒伸冤，當為困苦和窮乏的人施行公義(詩八十二3)。但願我們能逃避所多瑪城的審判，這城因為忽視困苦和窮乏的人而被毀滅(結十六49)。

主啊，我們為容許貪婪和物質主義引誘我們而後悔，我們貯藏了祢的祝福卻忽略與別人白白地分享(創十二2)。洗淨祢教會對墮落世界的愛慕和渴望：肉體的情欲，眼目的情欲，並今生的驕傲(約壹二16)。

請赦免我們關注自己的需要多過別人的；赦免我們只注重福音工作，而沒有關心窮人；赦免我們只在言語而不是在行為上服事別人，只注意信心而忽略了行為(雅二17)。施恩惠的主啊，請更新祢教會憐憫窮乏者的心腸，並賜下異象把天國福音帶進社區。賜給我們更多的創意以幫助窮乏者。激勵我們在財務、時間和行動上有慷慨的心，以至世界能夠經驗到從上帝來的愛。

沒有人配得祢的恩惠和憐憫，我們白白地得來，也要白白地給別人(太十8)。但願祢在以賽亞書五十八章10節的應許在這個世代中實現，它能打破樊籬，帶來普世的復興：「你心若向飢餓的人發憐憫，使困苦的人得滿足，你的光就必在黑暗中發現；你的幽暗必變如正午。」

參閱

第一章・3　珍惜上帝的愛

・8　用心靈和誠實來敬拜

第二章・4　為著上帝的恩惠和憐憫感謝祂

・8　感謝上帝供應我的需要

第三章・10　知足的心

第四章・6　勝過貪婪、放縱和物質主義

・13　勝過自私的心

4 在基督的身體裏合一

我在他們裏面，你在我裏面，使他們完完全全的合而為一，叫世人知道你差了我來，也知道你愛他們如同愛我一樣。（約十七23）

聖父、聖子、聖靈啊，祢們在表達祢們的愛上是完全地合一（約十七22）。如果祢們不是彼此完全和諧，我們只是神聖棋局裏會朽壞的棋子而已。由於祢們完全的愛，我們可以了解在聖靈裏合一的平安（弗四3）。

主耶穌啊，當祢看見教會分裂時，祢的心一定破碎了。當祢替我們被釘在十字架上時，祢的身體已經被打破了（林前十一24）。請赦免我們不必要地因著分黨與不和睦，把祢重釘在十字架上。我們的不合一暴露了我們是十分屬肉體的（林前三3～4）。但願我們（祢的教會）回應祢的禱告而歸於合一，正如聖父、聖子、聖靈合而為一（約十七20～21）。

請赦免我們屬靈的自大，我們假想我們的教會、宗派或神學觀點特別蒙主寵幸。祢的偉大遠超過我們所能體會，或是一個機構所能容納。我們錯誤地強調我們的特點，過於高舉耶穌的名。因此，我們在分裂基督的身體上有罪(林前一12～13)。

即使我們承認我們在基督裏連合，我們常常因缺少與別的基督徒一起敬拜和服事，而常常顯出我們言行的不一。赦免我們忽略別的弟兄姊妹，他們在敬拜方式和信仰上與我們有少許不同，然而在對祢的獻身及福音工作上是與我們一樣的。

請拆毀種族、膚色、收入、殘障和性別優越等偏見之牆，因為在基督裏「並不分猶太人、希利尼人，自主的、為奴的，或男或女」，因為我們在基督耶穌裏都合而為一了(加三28)。

主啊，請潔淨我們教會在小事上的爭吵與不合。潔淨我們在背後譭謗、批評、暴怒以及其他的罪，這些罪正阻擋聖靈在我們中間流通。

請啟示我們，讓我們欣賞教會中不論是個人、會眾、宗派和神學觀點等之不同，卻又能帶進教會的各樣恩賜。我們需要祢的智慧去分辨甚麼是主要的、文化上的、遺傳罪性的。我們需要祢的謙卑，它會讓我們按自己的能力彼此順服。

主啊，賜給祢百姓有負擔，放下武器，連合為一。因為身體只有一個，聖靈只有一個，一主，一信，一洗，一神，就是眾人的父，超乎眾人之上，貫乎眾人之中，也住在眾人之內（弗四3～6）。

耶穌，祢是我們的和平（弗二14），祢使我們與天父合而為一，現在請讓我們合而為一。

參閱

第一章 · 3　珍惜上帝的愛
· 8　用心靈和誠實來敬拜
第二章 · 7　感謝上帝差派了祂的靈
第三章 · 3　結出聖靈的果子
第四章 · 3　勝過驕傲
· 9　將自私的野心交託給上帝
· 13　勝過自私的心
· 15　勝過背叛的心

5 教會和牧養者的指引

你們要依從那些引導你們的，且要順服；因他們為你們的靈魂時刻儆醒，好像那將來交帳的人。你們要使他們交的時候有快樂，不至憂愁；若憂愁就與你們無益了。請你們為我們禱告，因我們自覺良心無虧，願意凡事按正道而行。（來十三17～18）

偉大全能的上帝啊，在這個世代，當宗教和世俗領袖不斷地而且嚴重地在恩典裏墮落，我們極需要祢的引導。

這些被聖靈引導而帶領教會的人：事工領袖、宗派領袖、牧師和長老，請祢賜給他們共同的異象，為祢的再來在世上好好地準備。但願與心靈受傷的人分享祢的愛以及傳揚好消息，成為他們最熱中之事。

興起那些看重建造**祢的**國過於服事自己、並心中正直的男女作為領袖（太六33）。賜給領袖們天上的智慧，就是智慧、清潔、和平，溫良柔順，滿有憐憫，多結善果，沒有偏見，沒有假冒（雅三17）。賜給他們準確的判斷力和超凡的常識。

保守領袖們有清潔的心，在他們使用祢轉變人心的大能向人講道之後，他們自己不致於被棄絕（林前九27）。將敬畏上帝恨惡罪惡的心放在他們心中。最重要的，用祢聖靈的大能膏抹他們。賜給他們話語去教導、證道和講解福音的奧祕，勇敢而不怕被敵對（弗六19）。但願他們所傳講的就是耶穌基督（林後四5）。

全智的上帝啊，謝謝祢賜給教會有使徒，有先知，有傳福音的，有牧師和教師。因著他們的服事，我們被裝備、餵養，在真道上同歸於一，得以長大成人（弗四11～13）。

賜給他們熱切的心，幫助信徒參與事奉（彼前二9）。使用他們建立一隊基督精兵進入世界，解救被罪擄掠的人，就是一羣願意從事慈善和福音事工的人。

使祢在每一個層面工作的領袖——國際的、國內的、地區的——在禱告上不斷地進深（徒六4）。但願他們是一羣專心尋求祢面的人（詩二十四1～6）。用異象感動他們，將我們的教會建築物轉變成禱告的家（太二十一13）。

最後，請為祢的百姓創造一個樂於跟隨主而不成為重擔的性格（來十三17）。但願我們謙虛地順服我們的領袖，因為祢抵擋驕傲的人，賜恩惠給心裏謙卑的人（彼前五5）。藉著聖徒的禱告和聖靈的愛，但願祢的領袖們重新得力繼續向前奔跑（林後一10～11）。

參閱

第一章·9　喜愛上帝的旨意
第二章·2　感謝上帝賜下祂的話語
第三章·1　謹守清潔
·8　在上帝的旨意中與祂同行
第四章·15　勝過背叛的心
第十一章·6　給予政府和官員明智的判斷力

6 給予政府和官員明智的判斷力

我勸你，第一要為萬人懇求、禱告、代求、祝謝；為君王和一切在位的，也該如此，使我們可以敬虔、端正、平安無事地度日。這是好的，在上帝我們救主面前可蒙悅納。他願意萬人得救，明白真道。（提前二1～4）

主耶和華啊，沒有人可以阻擋祢最高的旨意。自然界中氣候和四季的轉移，**人的**天性，歷史的事件以及人們被升至高位，都按照祢自己的心意而成就。甚至祢所揀選管理我們的，也沒有越過祢掌管的範圍。「王的心在耶和華手中，好像隴溝的水隨意流轉。」（箴二十一1）

順服祢的話語，我為一切在我之上掌權的懇求、禱告、代求、祝謝（提前二1～3）。

主啊，將祢清新的聖靈吹在政府的領導者之上，吹在我們的國會、參議院、眾議院以及立法委員之上，讓他們為罪自己責備自己。將祢全勝的愛顯現在決策者的心中，帶領他們認識耶穌基督的拯救。但願我們進入信仰自由的新世代，不是因著法律的改變，而是因著人心的改變。

正如祢因著所羅門王祈求智慧而祝福他，我也為政府掌權者祈求：賜給他們關懷的心治理祢的百姓，並且能明辨是非（王上三9）。引導他們的決策，以至我們可以在良善和聖潔中度過安和樂利的生活（提前二2）。賜給他們強烈的正義感，仁慈的心腸，飢渴慕義，以及毫不妥協、正直的心。使他們熱切地想要實現**祢的**旨意（啟十七17）。

我確信沒有權柄不是出於祢的，凡掌權的都是祢所命的（羅十三1）。因此我尊敬他們，敬重他們，順服他們的權柄（羅十三5～7）。當我們——祢的百姓，想要批評或抱怨時，請激勵我們的心，為他們代禱，以取代批評。

最後，謝謝祢把他們賜給我們，但願祢使用我們的政府在地上建立祢的政權（賽九7）。

參閱

第一章・2　默想祂的全能和全在
　　　・9　喜愛上帝的旨意
第二章・7　感謝上帝差派了祂的靈

7 彰顯神蹟和奇事

信的人必有神蹟隨著他們，就是奉我的名趕鬼；說新方言；手能拿蛇；若喝了甚麼毒物，也必不受害；手按病人，病人就必好了。（可十六17～18）

全能的上帝，在聖經中以及不同時代的教會歷史裏，祢用大能印證耶穌是上帝的兒子（約二十30～31），並且祂要榮耀祢自己的名（約十一4）。神蹟和奇事乃是祢**真實的**世界介入我們**不真實的**世界，並且在這個過程中，祢不斷地用決無錯謬的愛感動祢的百姓，這是超越人類的思想邏輯的（可一41～45）。

耶穌啊，祢應許信的人必有神蹟奇事隨著他們（可十六17～18）。更進一步，祢說：「我實實在在的告訴你們，我所作的事，信我的人也要作，並且要作比這更大的事，因為我往父那裏去。」（約十四12）

但是在教會的第一個世代，我們沒有看見祢的應許實現。主啊，阻擋祢的應許實現的不是因為祢**不願**

意，而是我們的**世俗化**。請光照我們的世俗化和屬肉體的光景，並它們是如何阻擋著祢聖靈的流通。

我們知道，祢不能在祢自己的家庭和朋友中行許多神蹟，因為他們不相信(太十三58)。兩千年來我們仍然為同樣的困難掙扎。請祢赦免我們，我——祢的家人和朋友——不相信祢的能力和祢樂意顯現祢大愛的能力。主啊，但願我們永遠不會和祢熟落到一個地步，使祢不能自由地在我們中間工作。

因為信心來自祢，請祢增加我們的信心，以至我們真確地相信，祢能用永恆的大能干預我們短暫的世界(可九24)。賜給我們屬靈的耳朵，能敏銳地察覺聖靈的引導，勇敢地邁步向前，並且仰賴祢的引導。

除去我們任何自私的動機，免於想要行神蹟奇事，以刺激我們的感官，並使人注意我們。但願我們衷心想望在傷痕壘壘的世界裏分享祢的愛，以及擴展祢的國度。

我們要尋找祢，過於尋找祢能力的顯現。耶穌啊，我們祈求祢顯現在我們中間，讓我們更加認識祢(腓三10～11)。但願祢藉著在教會中顯現祢的大能，讓祢的國和祢的旨意行在地上，如同行在天上(太六10)。

參閱

第一章·1　尊主為大

·8　用心靈和誠實來敬拜

第二章·5　為著基督的復活感謝上帝

·7　感謝上帝差派了祂的靈

第三章·3　結出聖靈的果子

·4　因著聖靈的恩賜受感動

·9　建立信心和信任

第五章·8　害怕中得鼓勵

第十章全章　〈生病和疾病〉

8 普世收成

你求我，我就將列國賜你為基業，將地極賜你為田產。（詩二8）

天父啊，我們知道祢的心為失喪的靈魂傷痛。祢的話語說，祢不願意一人沉淪（彼後三9）；祢並不因惡人死亡而喜悅（結十八23）；祢願意萬人得救，明白真道（提前二4）。

祢曾挑戰祢的教會向祢懇求，祢就將列國賜我們為基業，將地極賜我們為田產（詩二8）。主啊，將地極賜我們為田產，讓它成為我們的主和基督的國度（啟十一15）。請用聖靈定罪之靈感動世上的百姓，這些祢用死所拯救的（羅五8）。

請犁鬆人們心中休耕的田地，使祢福音的種子可以撒在肥沃的土壤。「撒在好地上的，就是人聽道明白了，後來結實，有一百倍的，有六十倍的，有三十倍的。」（太十三23）打開人們的耳朵，能聽明白福音的奧祕，讓種子飽得祢生命的活水，在祢愛的光中得養分，以至在末日有大豐收，是這個世界前所未知的。

我要抵擋這世代的偶像假神，它使人眼盲看不見基督榮耀的福音真光。我奉耶穌的名禁止你使用你所有的詭計（林後四4）。我們爭戰的兵器，本不是屬血氣的，乃是上帝的能力，可以攻破堅固的營壘。因此，我將各樣的分爭，各樣攔阻人認識上帝的那些自高之事，一概攻破了，又將人所有的心意奪回，使它們都順服基督（林後十4～5）。

聖靈啊，請祢運籌世事以顯明所有追尋其他宗教的都歸於虛空；打開世人的眼睛，瞻仰基督的榮美（詩九17）。請驅除錯誤的觀念，就是那些掩蓋祂的大愛，隱藏在虛假令人死亡的宗教之後的觀念。

耶穌啊，我祈求那些在愛裏扎根並被建造的，能和眾聖徒一同明白祢的愛，是何等長闊高深，並知道這愛是過於人所能測度的，叫上帝一切所充滿的，充滿了他們（弗三17下～19）。

主啊，祢把渴望永恆的心放在人們的心中（傳三11），請用那惟有來自耶穌基督的永生滿足這種渴求（約十四6）。

參閱

第一章・3　珍惜上帝的愛

第二章・1　感謝上帝差派了耶穌

第三章・4　因著聖靈的恩賜受感動

第五章・8　害怕中得鼓勵

第九章・2　尚未得救的同事

・7　工作的目的

第十一章・2　分享福音

・9　差遣工人進入禾場

9 差遣工人進入禾場

〔耶穌〕就對他們說：「要收的莊稼多，作工的人少。所以，你們當求莊稼的主打發工人出去收他的莊稼。」(路十2)

主耶穌啊，祢說祢要建造祢的教會，陰間的權柄，不能勝過它(太十六18)。我們為祢實現諾言而在地上所成就的歡呼高興。惟獨藉著祢的聖靈，祢才能在祢百姓身上施行如此偉大的工作。

要收的莊稼實在多，而作工的人很少(路十2)。主啊，感動祢的教會去收莊稼，並遵行祢的命令：

所以，你們要去，使萬民作我的門徒，奉父、子、聖靈的名給他們施洗。凡我所吩咐你們的，都教訓他們遵守，我就常與你們同在，直到世界的末了。(太二十八19～20)

但願使萬民做祢門徒的命令能在這一個世代裏完成。

賜給祢的教會有如火焚燒的熱情，用盡各種方法去分享福音。但願我們使用已有的各種管道去尋找失喪的人：我們的時間、我們的財力、我們的安全、我們的禱告……我們的心。

主耶穌啊，祢説若不為祢拋下一切的不配做祢的門徒（路十四33）。幫助我們將注意力從我們的自我，我們的名聲，我們的生活方式，轉向祢和擺在我們前面的責任。讓我們預嘗放下安舒的九十九隻羊而去救援迷途羔羊的喜樂（太十八12）。

莊稼**已經**成熟等候收割了（約四35），請開我們的眼看見這個需要。請賜智慧給宣教領袖們，因此他們可以差遣工人去最具戰略性的地區。給不同的宣教組織及國內的宗教領袖有合一的異象，因此他們可以分工並且攻破仇敵堅強的營壘。

因祢的慈愛，祢引領我們悔改（羅二4）。因此，請賜下富有創意的想法，讓祢的工人用引人入勝的方法傳揚耶穌的愛。同時讓留守在家的有慷慨的心支持他們。

但願我們留守在家的不會滿足做一個受託的觀望者，請打開我們的眼睛，看見我們鄰舍中的宣教工場，因此我們可以繼續祢的事工。

主啊，在我們內心深處我們聽見祢喊著：「我可以差遣誰呢？有誰肯為我們去呢？」但願每一位信徒也同聲回答：「我在這裏，請差遣我」(賽六8)！

參閱

第一章·9　喜愛上帝的旨意

第二章·1　感謝上帝差派了耶穌

第三章·8　在上帝的旨意中與祂同行

第四章·13　勝過自私的心

第五章·8　害怕中得鼓勵

第十一章·2　分享福音

10 基督第二次來臨

這天國的福音要傳遍天下，對萬民作見證，然後末期才來到。（太二十四14）

主耶和華啊，祢對我們真好：祢照祢榮耀的豐富，在基督耶穌裏，使我們一切所需用的都充足（腓四19）；祢用美物，使我們所願的得以知足（詩一〇三5）；祢用敬虔和知足的心充滿我們（提前六6～8）。祢無窮的恩惠和新的憐憫永無止境。

但是這個世界非我家，我們所想望的是一個更美的地方——一個天上的家鄉（來十一16）。我們渴望那一天祢的榮耀全然顯現在各地（賽四十5），並且撒但要永遠被踐踏在我們的腳下（羅十六20）。

最重要的，親愛的主耶穌啊，我們期望那一天與祢同在。那一天我們不用再說「該認識主」，因為那時我們**必**認識祢（耶三十一33～34）。那一天祢必要從我們的眼裏擦乾每一顆眼淚（啟二十一4）。

我們期望去祢已為我們預備好的地方（約十四），

一個不再有眼淚，不再有死亡，也不再有悲哀、哭號、疼痛的地方，因為以前在這墮落世界的事都過去了——永遠地過去了（啟二十一4）。

耶穌啊，我們祈求天國的福音傳遍天下，對萬民作見證，以至末期來到（太二十四14）。

所以主啊，我們禱告，「主來吧（*Maranatha*）——主耶穌啊，願祢快來」（參林前十六22）。我們可能無法知道祢再來的日子和時辰（可十三32），但是我們決心活在期望中，等候在祢懷中永遠與祢同在。

參閱

第一章・1　尊主為大
・5　因上帝的威嚴和聖潔的榮美而歡呼
・6　更渴慕耶穌
第二章・1　感謝上帝差派了耶穌
・3　為著十字架和寶血感謝上帝
・5　為著基督的復活感謝上帝
・10　感謝上帝揀選我
第三章・10　知足的心
第五章・3　失望中得希望
第十章・9　當上帝沒有施予治療
第十一章・8　普世收成

祝福

你曾否聽過鋼琴演奏者在彈完一首歌之前即貿然而止——然後有一段時間你感覺若有所失，直至這首歌曲完全彈完？你所需要的就是一個結束，否則這首歌會一直在你的腦海中盤旋。

你可能已注意到，這本書中的禱告在結束時並沒有使用人們慣用的「阿們」一詞。如果你喜歡，你可以加添上去；使用它並無不妥，但我是故意不使用它，因為禱告並不應該在「阿們」之後結束。

在我們**正式**結束禱告許久之後，我們禱告的心態仍應繼續著，聖經繼續不斷地鼓勵我們持續禱告：

- 耶穌設一個比喻，是要人常常禱告，不可灰心。（路十八1）
- 禱告要恆切。（羅十二12）
- 你們要恆切禱告。（西四2）
- 靠著聖靈，隨時多方禱告祈求。（弗六18）
- 我們晝夜切切的祈求。（帖前三10）
- 不住的禱告。（帖前五17）

很多時候，當我們在結束禱告時，我們將上帝遺忘在餐桌上，在祭壇上，或在禱告室裏。無論如何，能挪移大山的禱告是一種不斷地在天父面前的代禱，即使是在「正式」的禱告結束許久之後。藉著這些「未完成」的禱告，我們盼望這些禱告在你腦海中盤旋不已，即使在這本書被放在書架上之後。

但是在結束本書之時，我們決定要以一個「阿們」作為結束。我們用聖經的一處祝禱作為結束，它也是我們為你的禱告：

那能保守你們不失腳、叫你們無瑕無疵、
歡歡喜喜站在他榮耀之前的我們的救主——
獨一的上帝，
願榮耀、威嚴、能力、權柄，
因我們的主耶穌基督歸與他，
從萬古以前並現今，
直到永永遠遠。
阿們！

（猶 24 ～ 25）

讀者意見表

緊扣時代 服事教會

以文字傳揚基督真道

衷心多謝你購買本社書籍。本社一直致力以出版事工服事教會，幫助信徒扎根於神的話語，促進靈命增長。為使我們的出版更能滿足你的需要，請填寫下列各項資料，並寄回或傳真予本社。

所購書籍：______

本書最吸引你的地方：
□作者 □適切性 □文筆 □設計 □實用性
□其他：______

購買本書地點：
□基道書樓 □基督教書店 □非基督教書店

性別：□男 □女 職業：______

信仰：□基督徒 □非基督徒

年齡：□ 16 歲或以下 □ 17～25 歲 □ 26～35 歲
□ 36～55 歲 □ 56 歲或以上

學歷：□中三或以下 □中五 □預科
□大學 □研究院

□我欲更多了解基道出版社的事工及考慮支持，請寄給我下列資料：
□機構簡介 □新書資料 □基道會員通訊
□《基道文字事工通訊》

姓名：______ 電話：______

地址：______

______

傳真：______ 電子郵件：______

其他意見：______

______

多謝賜教！

意見表可以傳真（2687-0281）或直接郵寄以下地址：
香港沙田火炭坳背灣街26號富騰工業中心1011室
基道出版社編輯部收